だいわ文庫

どんな場でも「感じのいい人」と思われる大人の言葉づかい

齋藤 孝

大和書房

まえがき

日本語は難しい。

同じ内容を伝えるのでも、日本語には微妙な違いを伝えるさまざまな表現方法があり、また立場の違いによって言葉の使い方にも気を配らなくてはなりません。

特に、ビジネスでの会話には注意が必要です。取引先との交渉の場だけでなく、社内の上司、同僚、部下に何か頼むとき、時と場合をわきまえた言葉づかいをしないと、相手を動かすことができない場合もあります。たとえ上司からでも、

「おれ、今忙しいので、おまえでいいから、これやっておいて」

と言われて、気持ちよく動くことができるでしょうか？　逆に、

「君に、じきじきに頼みたいことがあるんだ」

と切り出されたら、上司はわざわざ自分を選んでくれたのだという気持ちが伝わり、気持ちを引き締めて仕事をしようと思うはずです。

また、ビジネスでは使い慣れた言葉ほど慎重に使ったほうがいい場面があります。

来社してくれた取引先の責任者が帰るときに、何気なく「ご苦労さまでした」と口にしたところ、相手が一瞬不快な顔つきをしたのです。

最近は、「ご苦労さま」は目下の人への言葉という考え方が広まっていて、不用意に使われると見下されたと思う人もいます。

言葉は相手がどう受け取り、どう感じるかによって、伝わるニュアンスが変わります。うっかり言葉づかいを間違えてしまうだけで〝仮免〟社会人というレッテルを貼られ、交渉の場で、「もっと上の人を出せ！」と言われることにもなりかねません。

そんなことがないように、ふだんから言葉づかいについて、もう一度振り返っておきましょう。


正しい言葉づかいは、特にビジネスの世界では、説得力と信頼感を生みます。いい加減な言葉づかいをする人に大きな仕事を任せたいとは誰も思いません。

きちんとした敬語が使えること、言葉の意味を間違えて使わないこと、ある程度難しい言葉もしっかりと理解していること、微妙なニュアンスの違いがある言葉を適切に使い分けられること、このようなことができてはじめて、一人前のビジネスパーソンであり、一人前の大人として認められるのです。

また、社内で同僚と気軽に話すときや、友人との会話、あるいはご近所づきあいで立ち話をするときも、あなたの日本語力は試されています。

そういうときは堅苦しい敬語を使ったり、難しい言葉を使うことは少なくても、相手の気持ちに配慮した言葉づかいをしなくてはなりません。

うっかり口にしたひと言で、人間関係がこじれることもあります。その場ではなんとなく収まっても、自分の知らないところで、相手から敬遠されて、怨《うら》みを買う場合さえあります。そんなことにならないように、相手を見て、適切な言葉を選べるようになりたいものです。


「言葉美人」という褒め言葉があります。容姿ではなく、言葉づかいによって、まわりの人からモテモテになる女性です。その人と話をしていると、気持ちのいい応対で、もっと話していたいと思わせるような人です。

特に女性の場合は、品のいい言葉づかいを心がけると、さりげないやさしさや謙虚な気持ちが伝わるだけでなく、豊かな表現力によって、その人の魅力が何倍にも膨《ふく》らむのです。

もちろん男性でもそれは同じです。言葉づかいによって、あなたの人間性が判断され、「この人とは長く付き合いたくないな」と思わせたり、「あまりかかわり合いになりたくない人だ」と思わせたりします。

「人間、見た目がだいじだ」という言葉は一面の真実を表していますが、**見た目のなかには言葉づかいも入る**と思います。初対面でも、言葉づかいがしっかりしている人に好感度が高くなるのはいうまでもありません。あなた自身も経験のあることでしょう。

一人前の大人として、恥をかかない言葉づかいができるのは当たり前。もうワンランク・アップするために、微妙なニュアンスの違いを大事にし、多様多彩な表現を身につけておきたいものです。

そのためには、言葉について関心を持ち、どんな場面でも、どんな相手に対しても適切に使えるように、ふだんから知識を広め、使い方をマスターしましょう。簡単にマスターできることではないので、少しずつでもいいですから言葉についての知見を広めていきましょう。

美しく、多彩な表現が可能な日本語を自由自在に操れるようになることは、あなたの人間力を高め、まわりの人の見る目を新たにさせるはずです。
この本を、そのために少しでも役立ててください。

齋藤　孝

どんな場でも「感じのいい人」と思われる大人の言葉づかい　目次

第1章　きちんとした大人と感じさせる言葉づかい

1　この意味、説明できますか？

2 とんでもない思い違い、していませんか？

第2章 品性を印象づける「絶妙な言い回し」

1 品のいい人と言われる言葉づかい

3 使いこなしたい品性がただようほめ方

4「言葉なさけ」あふれる言い方

第3章 気分や状況で使い分けたい「微妙な違い」

この言い方、あなたはどう思います？

第1章

きちんとした大人と感じさせる言葉づかい

1 この意味、説明できますか？

日常の会話のなかで、なんの気なしに口にしていながら、実は意味を正確につかんでいない……。そんな言葉は少なくないものです。

でも、きちんとした知識があれば、自信を持って話ができます。こういう人は、確かな信頼感を感じさせ、仕事も人づき合いもなめらかに進められるでしょう。しかも、豊かな教養があることを深く印象づけることができるのです。ここでは、覚えておけば「あの人の言葉には知性を感じる」という好印象につながるフレーズを集めてみました。

あいにく部長は外出しています

⬇応対できなくて申し訳ないという気持ちを伝える

「期待や目的がかなわず、都合の悪いさま」を表すときに使うのが「あいにく」です。

もともとは「あやにく」という古語で、漢字で書くと、「生憎」になり、「生」は当て字ですが、「憎」は「憎らしい」からきています。

「あや」は感動詞であり、「ああ憎い、あらまあ憎らしい」といったような意味でしたが、やがて**自分の思いどおりにならないことや都合が悪いときに、「残念ながら～です」という気持ちを表す**ようになりました。

「では、明日来ていただけますか」「あいにくですが、明日は出張があり、うかがうことができません」と「あいにく」をひと言添えることで、申し訳ない気持ちを付け加えることになります。こういう言葉がすらすらと出てくるようになれば一人前の社会人ですね。

彼も結婚してすっかり灰汁が抜けたね

⬇これが強すぎる人は人間関係で苦労する

ここでいう「灰汁《あく》」は、まさに鍋料理などで出る肉や野菜の「灰汁」のことで、人間に使う場合は「**個性や癖が強くてとっつきにくいさま**」を表す言葉です。料理では、灰汁が強くても、抜きすぎても、いい味が出な

都合の悪いときには「あいにく」というのが大人のお約束です。

いといわれていますが、人間の場合は、灰汁の強い人は少し抜いたほうがまわりの人とうまくやれるようになりますよ。

朝っぱらから何を騒いでいるんだ！

いったい、使うのはどんなとき？

「朝っぱら」というのは、実は「朝腹」のことです。もともと江戸時代くらいまでの日本人は一日二回の食事で済ませることが多く、そのため朝起きてひと仕事してから朝食にしたので、「朝腹」というのは**「朝食前の空きっ腹」を指す言葉**でした。この言葉が、江戸時代になると、「朝早い時刻・早朝」の意味に変わり、さらに「朝腹」を強調する意味で促音《そくおん》化されて「朝っぱら」になったというわけです。

「朝っぱら」は主に朝早くするのにふさわしくないことを非難するときに用いることが多いでしょう。

あだやおろそかにはできない

⬇教養を感じさせるさりげない言葉

漢字では「徒や疎か」と書き、「**そまつにすること、いい加減にすること**」の意味となって、あとに否定の語をともないます。「あだおろそか」ともいいます。「あだにも、おろそかにも」の意味で、同じ意味の言葉を重ねて強調を表しています。

「いただいたご恩は、どんなときもあだやおろそかにできません」などと使います。

あたら若い命を失った

⬇ここ一番で口にすれば、知性がただよう

「あたら」は「惜しくも、もったいなくも」という意味で、漢字では「可惜」と書きます。もともとは形容詞「あたらし」の語幹が副詞になった言葉で、

朝食前の空腹が転じて
「朝っぱら」となりました。

価値あるものを有効に使うことができずに残念に思う気持ちを表すときに用います。

最近では、文章で使われる場合がほとんどで、日常会話で聞く機会はめったにないでしょう。でも、だからこそ、重要なプレゼンの場などでこの言葉を使うと印象的な効果を残すことができるかもしれません。

言うに事欠いて親の欠点まで告げ口するとは

⬇「そこまで言うか」と思ったときは、このひと言を

「事欠《ことか》く」は「不足する、不自由する」の意味ですから、「言うに事欠いて」は、「言うことに不自由して、よりによってわざわざそんなことまで言うか」という意味です。**「何もそこまで言うことないでしょう」という気持ち**を表していて、今ならば「そこまで言うか」と表現する人が多いでしょう。

いかんなく力を発揮する

⬇言葉に見合うよう堂々と口にしたい

「いかん」は「遺憾」と書き、不祥事が発生したときによく使われる「遺憾に思います」と同じ言葉です。「思いどおりに事が運ばなくて残念だ」という意味なので、「いかんなく」といえば**「思い残すことなく」という気持ち**を表します。

「いかんなく力を発揮する」は、「持てる力をすべて残りなく出し切ること」を表します。

双方ともに痛み分けの結果となった

⬇状況を知的に伝える便利な言葉

「痛み分け」は、もともと相撲の判定に使われた言葉で、「どちらかの力士が勝負で怪我《けが》をしてしまい、勝負を続けることができずに引き分けになる

「痛み分け」というのは、
相撲の判定に使われた言葉です。

こと」です。
ここから、今は**「互いにかなり損害を受けたまま、決着をつけずに引き分けで終わらせること」**を意味するようになりました。ちなみに、相撲では怪我しなかったほうの力士が勝負を続けると言い張った場合は、怪我をした力士の不戦敗になるそうです。

一言居士が、また口出し始めたよ

⬇難解だが使いこなせれば鼻高々！

「一言居士《いちげんこじ》」は、**どんなことであっても必ず何かひと言いわなければ気がすまない人のこと。**言葉はあまり使われなくなっても、そういう人は今でもけっこういますよね。話がすんなり終わりそうなのに、ちょっとしたことを蒸し返したり、言わなくてもいいウンチクを語り出したり、面倒くさいタイプの人があなたのまわりにもいませんか。

意に沿わない指示にも従うこともある

⬇「こころ」がしっかり伝わるフレーズ

「意に沿う」は、「希望や要求に応える」ことです。「意」は「考え、気持ち」のことですから、「意に沿わない」は「**気持ちに反して**」ということになります。

「意に染まない」という言い方もあり、こちらも「自分の考えや思いと合致せず、気に入らないこと」で、「意に沿わない」と似たような意味を表します。

観光地の人の多さに**嫌気がさす**

⬇内心、こう毒づいた経験を持つ人も少なくないだろう

「嫌気《いやけ》」は「なんとなく嫌な気持ち」のことで「さす」は漢字では「差す」を使います。「差す」は「ある状態があらわれる、生ずる」ことを意味する

気に入らないときには
「意に染まない」といいます。

ので、「嫌気がさす」で、「**嫌だと思う感じがする**」という意味になります。

その態度が**うざい**んだよ

⬇微妙な距離感がわからないと、こう一喝される

「うざい」は、今の若者の間では普通に使われる言葉で、さまざまな場面で**「うっとうしい」感覚を表す便利な言葉**だといえるでしょう。もともと江戸時代からあった「こまごまとしてうっとうしい、面倒くさい」の意味で使われていた「うざったい」が語源になったという説と、最近まで東京の八王子市周辺で使われていた「気持ち悪い、いやらしい」の意味で使われていた方言「うざったい」が変化して全国に広まったという説があります。

気持ちを表す便利な言葉ではありますが、使うのは仲間うちだけに留めておきましょう。

あんたって人は、いつまでも**うだつが上がらない**ねえ

➡ストレートに感情をぶつけるのは禁物

「**出世ができない、身分がパッとしない**」ことを「うだつが上がらない」といいますが、この語源にはいくつかの説があります。家の梁《はり》の上に立てて棟木《むなぎ》を支える短い柱を「うだつ」といい、このうだつが棟木に押さえつけられているように見えることから、「頭が上がらない」＝「出世できない」という説。また、「うだつ」さえない家もあってパッとしないことの象徴とする説など、そのほかにもいくつかの説があります。

馬が合う

➡相性のよさを表現するときのひと言

性格や気が合うことを「馬が合う」といいますが、これは乗馬のとき、騎手と馬の息が合わないとうまく走れないことからきています。人と馬の

「必ずうだつを上げてみせる」などと肯定的に使うことはありません。

気持ちが合わないと騎手は振り落とされることさえある反面、気持ちが通い合うと実力以上の力で走らせることもできます。こうしたことから、やがて人と人との関係にも「馬が合う」というようになりました。今は人だけでなく、「野球とは馬が合わないんだけど、サッカーとは馬が合うんだ」という使い方もします。これは「野球には向かないんだけど、サッカーには向いているんだ」というほどの意味です。

都会で就職したきり、**うんともすんとも**言ってこない

➡よく耳にするヘンな言葉

「うんともすんとも」の「うん」は「云」で、「ものを言う」という意味です。「すん」は「うん」に対応した語呂合わせというだけで、特に意味はないと考えられていて、「うんともすんとも」の**あとには否定語をともなって、「ひと言も発しない」ことを表します**。ただし、江戸時代に流行《はや》った「ウンスンカルタ」というカードゲームがあり、これに熱中して無口になることから「ウンともスンとも」というようになったという説もあります。

あんたにすっかり**お株を奪われた**

⬇悔しい気持ちを伝えるときほどスマートに

ここでいう「株」は、江戸時代の商工業者の同業組合だった「株仲間」に与えられた独占的な権利のことです。当時は「株」がないと、その仕事をすることができなかったのです。

「株」は世襲制度でしたが、売買することもできた特別な権利だったことから、やがてその人がもっぱら得意とする技や芸のことを指すようになりました。そこから、**他の人が得意とすることをその人以上に上手にやってしまうこと**を「お株を奪う」というようになったのです。

事故で車が**お釈迦になったよ**

⬇サスペンスドラマでお馴染みのフレーズ

地蔵や阿弥陀《あみだ》像を鋳《い》ようとして、間違って釈迦《しゃか》像を鋳てしまったことが

相性がいいことを
「ウマが合う」といいます。

「お釈迦になる」の語源だといわれていて、「**つくりそこなう、ものが使いものにならなくなる**」ことを意味します。サスペンスドラマでは人が死んだときに、ストレートにこういうこともあります。また、「お陀仏《だぶつ》」というのも、近い意味の言葉ですね。

せっかくの計画が**おじゃん**になった

⬇「言葉じょうず」な日本人ならではの言葉

「物事がだめになる、失敗する」ことを「おじゃんになる」といいますが、語源には諸説あります。そのうちの一つは、江戸時代に火事が起きたとき、半鐘《はんしょう》を叩《たた》いて火事を町の人々に知らせましたが、**家が全焼して火事が鎮火したとき、半鐘をゆっくり二度「ジャン、ジャン」と鳴らしました**。ここから、「おじゃんになる」は、「家が焼け落ち何もなくなってしまう」ことを表し、転じて「物事がだめになる」を意味するようになったということです。

わが家は代々**おっちょこちょい**の家系だ

⬇三つの言葉を組み合わせた俗語

そんなに自慢そうに言われても困りますが、「おっちょこちょい」とは少々変わった音の言葉ですね。「ちょこ」は「ちょこちょこするな！」というときの「ちょこ」で、「ちょい」は「ちょいとひとっ走りしてくる」の「ちょい」です。これに接頭語の「お」がついて、「おっちょこちょい」になったというわけです。

「**落ち着きがなく、早とちりや軽率なことをする**」という意味ですが、もともとは東京の下町で使われていた俗語が全国に広まったそうです。

手元が**お留守になっているぞ！**

⬇いくらイラッとしても汚い言葉は使うべからず

「留守」はもともと中国語で「主人や家人が外出したときに家を守る」こ

物事がだめになることを
「おじゃんになる」といいます。

とを指しました。つまり「留《とど》まって守る」ことだったのです。しかし鎌倉時代には、「(家に) いない」ことのほうに意味が偏り、現代と同じような意味で使われていました。その後、「お留守」というと、**「気持ちが不在で仕事などをする」**という意味にも使われるようになりました。

一ケ月・一カ月

⬇どっちの書き方が正しいのか

「一ヶ月」と書いても、読むときは「一か月」なのは、なぜなのでしょうか。そもそもこの「ケ」は片仮名の「ケ」ではなく、「箇」という漢字の略字、あるいは記号のようなものなのです。箇の字のたけかんむりを略したものという説と、中国で今も使われている箇の略字「个」が変化したものという説があります。つまり、**昔は漢字で書いていた「一箇月」が「一ヶ月」になった**わけです。「ケ」や「カ」を小さく書くのは、旧表記では小さく書くことが多かったので、その名残です。

物語はいよいよ**佳境**を迎えた

↓できる大人は、状況に応じた的確な表現を使う

「山場を迎える」という言葉もありますが、佳境《かきょう》と山場の違いはどこにあるのでしょうか？

佳境には景色が素晴らしいところという意味以外に、**面白いところ、非常によい場面**の意味もあります。一方の山場には、物事が最も盛り上がっているところ、最も重要な場面の意味で使われます。両者は近い意味を持っていて、最近は同じように使われることもありますが、事件解決の重要な瞬間というような深刻な場面では「事件の山場」というように使うのが適当です。

そんな悪事を働くとは**風上におけない**やつだ

↓厳しいことをソフトに表現したいとき

卑劣な人間をののしるときに、「風上《かざかみ》におけない」という言葉を使います

「お留守」といえばきつい響きにならずポイントを衝いて注意を喚起できます。

が、これは風上に臭いものがあると、風下《かざしも》にいる者は臭くてたまらないことから、**卑劣な人間を臭いものにたとえた言葉**です。詳しく聞かなくても、なんとなく意味のわかる言葉ですね。

夏目漱石の『吾輩は猫である』のなかでも、「だから探偵と云ふ奴はスリ、泥棒、強盗の一族で、到底人の風上に置けるものではない」というように使われています。

ところで「風下にいる」といえば、「人の真似をすること、人の影響下にいること」です。どうせなら、堂々と風上にいたいものですね。

語るに落ちるとは、まさにこのことだ

⬇覚えてしまえばさほど難しいものではない

「語るに落ちる」はときどき耳にしたり、文章に出てきたりしますが、なんとなく意味がわかるような気がして、実はよくわからない言葉ではないでしょうか。

もともとは「問うに落ちず、語るに落ちる」ということわざで、これの後半だけを使ったものです。つまり、**こちらが聞いても本心を言わないけれど、自分で話している**

うちについ本心を言ってしまうことです。意外と間違って使う人が多いので気をつけたほうがいいでしょう。

休み明けは会社に行くのが**かったるい**

⬇その口グセはいただけません

「かったるい」は、いかにも若者がつくった流行言葉のようですが、実はずっと昔からある言葉です。**「かいなだゆし」**という言葉があって、これは今も大相撲で使われている「かいな」が「だるい」ことでした。「かいな」は肩からひじまでの二の腕のことですから、腕が疲れてだるくなることでした。それが、「かいなだゆし」↓「かいだるし」↓「かったるい」と変わってきたといわれています。

昔からある言葉とはいっても、なんとなく態度の悪さを連想させる言葉ですから、ビジネスシーンでは使わないほうがいいでしょう。

論ずるに値しないときに
「語るに落ちる」というのは誤用。

病気になり、**かてて加えて**事故にも遭った

⬇悪いことばかりが続くときは、こういう

「かてて加えて」は、「さらに、そのうえに」という意味の連語です。「かてて」は漢字で「糅てて」と書き、「糅」は混ぜ合わせるという意味ですが、よくないものを混ぜる意味合いがあります。そのため「かてて加えて」は、**悪いことが重なるときに使う言葉**です。「競馬の馬券が当たり、かてて加えて宝くじにも当たった」という使い方は本来間違いです。

昨年の実績に**鑑みて**、今年の予算を立てる

⬇説得力を生む考え方とは

「鑑《かんが》みる」は「かがみる」という言葉が撥音《はつおん》化したもので、もともとは金属製の鏡のこと。そこから、「照らす」の意味になり、今では**他と比べあわせて考える**という意味で使われています。単に「考える」という意味で使う人が多いようですが、それだ

けではないので注意が必要です。

閑話休題、本題を進めましょう

➡知的な言葉づかいが信頼を生む

「かんわきゅうだい」と読みます。「閑話」は**ひまにまかせてする無駄話**で、「休題」は話をやめること、あるいは話題を変えることですから、「無駄話はやめて、話を本題に戻します」という意味で使われます。

主に文章で使い、口語でいうならば、「それはさておき」とか、「それはともかく」などに言い換えられる言葉です。

突然の事故にも母は気丈に振る舞った

➡人間ツウは態度や姿勢をズバリ言い表す

「気丈《きじょう》」は、気の持ち方がしっかりしていること。しかし、この言葉は女

いいことが重なるときに
「かてて加えて」とはいいません。

性や子どもなど、**弱者と思われている人に対して**使います。したがって、「突然の不祥事にも、大臣は気丈に振る舞った」というのは、大臣がよほどマスコミから叩かれて、か弱くよれよれになっているようなとき以外はふさわしくない使い方です。

うちの息子もすっかり**口がおごる**ようになった

⬇ストックしておきたい面白いフレーズ

値段が高くて美味《おい》しい料理ばかり食べることを「口がおごる」といいます。グルメになったとほめているわけではなく、**どちらかというと贅沢《ぜいたく》ばかりしていることを非難する気持ち**が含まれています。

また、味の良し悪しがよくわかることを「舌が肥える」といいますが、間違えて使わないように気をつけましょう。

思いきって食事に誘ったのに、**けんもほろろ**に断られた

⬇一度聞いたら忘れられない印象的なフレーズ

頼み事や何かに誘ったのに、とりつく島もなく断られることが、「けんもほろろに断られる」です。ときどき聞くフレーズですが、では「けんもほろろ」とは何のことでしょう？

正解は「けん」も「ほろろ」も、**キジの鳴き声**だそうです。一説によると、キジの鳴き声は無愛想に聞こえることから、このフレーズが生まれたとのことです。

ごたくを並べる

⬇あまり内容のない話を言い表す

自分勝手な理屈を偉そうにくどくどと言うことを「ごたくを並べる」といいますが、「ごたく」は「御託宣《ごたくせん》」の略で、神のお告げのこと。神のお告

「口がおごる」「舌が肥える」は
相手に与える印象が違います。

げを話す者は、偉そうな態度で、もったいぶって長々と話すことからこういわれるようになりました。

特に、行動がともなわないで口先だけで偉そうに理屈をいうことや、堂々と言い訳ばかりする場合によく使われます。**「偉そうに」というのがポイント**で、申し訳なさそうにくどくどと言い訳するような場合は、「ごたくを並べる」とはいいません。

ラーメンだけには**こだわっている**

⬇いいことにも悪いことにも使える便利なフレーズ

もともと「こだわり」は、「ささいなことにとらわれること、執着すること」で、**あまりいい意味ではありませんでした**。ところが、今は「これだけは譲れない大切なこと」の気持ちを表すほうが強く、「そんな小さなことにいつまでもこだわっているなよ」などのようにはっきりとした場合以外はプラスの意味で使われる言葉になっています。「こだわりの一品」「こだわりの宿」などは、特上のオススメという気持ちを込めて使っているようです。

ご馳走する

⬇もてなすほうも、なにかと大変

「馳走《ちそう》」は、「走り回る、奔走《ほんそう》する」ことが本来の意味。そこから、「走り回って準備をする」という意味を表すようになり、やがてもてなしの料理自体を表すようになりました。

食後の挨拶である「ごちそうさま」は、「ご」と「さま」を「馳走」の前後につけて、**振る舞いに対して感謝の気持ちを表している**のです。

ちょっと嫌な話を**小耳にはさんだ**んだが

⬇相手に心の準備をさせるクッション言葉

「小腹がすいた」などというときと同じように、この「小」は「**すこし、ちょっと、わずかに**」の意味です。「小耳にはさんだんだが」は「ちょっと聞いたんだが」ですし、「小ざっぱりした格好」といえば「ちょっとおしゃれな

「ごちそう」はお客さんをもてなす準備のために走り回ることです。

格好」という意味です。

一方、「夕焼け小焼け」というときは、語感を整える程度の使い方になりますが、「小腹」「小ざっぱり」などの「こ」も語感のよさがあって、よく使われるのでしょう。

今日は仕事が**さくさく**と進みました

➡さりげなく織り込むと、なんとなく気分がよくなる

最近、物事が順調にさっさと進むことを「さくさく」という擬音《ぎおん》で表現することがよくあります。**もともと「さくさく」に「さっさと」の意味はありません**が、いかにも軽快そうな音からの連想ではないかと思われます。

これと似た意味で、「さくっと」という言葉も使われることがあります。また、「ざくっと」や「ざっくり」という言葉もあって、「大ざっぱに」の意味で使われています。ただし、これらの言葉は完全に定着している言葉とはいえませんので、ちゃんと伝わっているか相手の様子を見ながら使いましょう。

さしもの部長もたじたじでした

⬇使う人の豊かな教養もにじみでる

「さすがの」と同じ意味です。「さしも」は、古語の副詞「さ」に助詞の「し・も」がついたもので、「あれほど、それほどまで」の意味になります。副詞の「さ」は「そう、そのように」の意味。「さしもの○○も」というと、少々時代がかった言い方になりますが、**大げさにいいたいとき**はこんな表現も悪くありませんね。

すっかりサバを読まれました

⬇「ことば」の面白さを実感できる言いまわし

「得をしようとして数をごまかすこと」を「サバを読む」といいますが、なぜかという説にはいくつかあります。

そのなかで最も知られているのが、港で揚げられたサバを急いで数えて

都合のいいように数をごまかすことを「サバを読む」といいます。

出荷するために、数えた数が大ざっぱになったことから、数をごまかすことをいうようになったという説です。なぜ、特にそれがサバだったかというと、**サバは鮮魚のなかでも最も傷みやすい魚だったから**です。

長く顔を出していないので敷居が高いんだ

⬇心の内で思っていることをやんわり打ち明けるときに

本来の意味の「敷居《しきい》が高い」は「**不義理をしたりした相手に合わせる顔がない**」というような場合に使う言葉です。しかし最近は、高級なレストランや寿司屋を指して「あの店は敷居が高くて行きづらい」という場合も少なくありません。言葉の意味も時代とともに変化する例の一つといえるでしょう。

旬の魚に**舌つづみ**を打つ

⬇こんな言葉を使える人とは、話していて気持ちがいい

正しくは「舌つづみ」ですが、「舌づつみ」の読み方も認められています。「打つ」を使うのは、つづみ＝太鼓ですから、「太鼓を打つ」からきています。「**美味**《おい》**しさのあまり舌を鳴らすこと**」を意味する言葉ですが、「不満や不平があって舌を鳴らすこと」という意味を載せている辞書もあります。いい意味と悪い意味の両方がある言葉は、使い方に気をつけて、はっきり相手に伝わるように心がけましょう。

あいつの態度が**癪にさわる**んだ

⬇きちんとした人はこの言い換えができる

「癪《しゃく》」は胸や腹の痛みのことを指し、「さわる」＝「障る」で、「気にさわる」「耳ざわりな音」と同じ使い方です。体に痛みを感じると不快になりますか

不満げに舌打ちをするときにも
「舌つづみを打つ」といいます。

ら、そこから「癪にさわる」で「**腹立たしいこと**」を意味しています。

期待して出かけたのに、すっかり三味線を弾かれたよ

➡直接的な言い方をしないことも大切

最近はテレビでもあまり聞かない言葉ですが、本来は「口三味線《くちじゃみせん》を弾く」で、「**相手の話に適当に合わせて応対すること、相手を惑わすような本心でない言動をすること**」の意味です。口で三味線の音色を真似することから、ニセ物、戯《ざ》れ言の意味を表していましたが、転じて相手を惑わすようなことを言うのをこのようにいいました。

車を**すっ**飛ばしてきたんだから、耳を**かっ**ぽじって聞けよ

➡ものの言い方ひとつで、勢いのある言葉に

「かっぽじる」や「かっ飛ばす」の「かっ」は、**もともと「掻《か》き」という強調の言葉**で、「にわかに空がかき曇る」というときの「かき」です。これが促音《そくおん》化し、「かき」

↓「かっ」になったのです。「すっ飛ばす」や「すっ裸」の「す」は「素早い」などと同じで、これも後に続く言葉を強調する言葉です。「かっ」にしても、「すっ」にしても、「つ」が入ると、ぐっと勢いが感じられますよね。

おまえも**隅に置けない**ね

⬇センスあるひとひねりした表現

「隅《すみ》に置けない」は、**「思っていた以上に能力などがあり、案外油断できない」**という気持ちを表すときに使います。「君は優秀なんだから、そんな隅にいないで、もっと真ん中に出てきなさい」というようなニュアンスから「隅に置けない」という気持ちなのでしょうが、どちらかというと皮肉を利かせるときに使うことが多い言葉です。

雑談や噂話をするときはいいでしょうが、真面目な話のときに使うと使い方によっては誤解を与えることもありますから、気をつけてください。

「隅に置けない」は意外な才能があることを評するときに使えます。

すれちがいざまに課長からにらまれた

➡相手の態度に反発を感じたら、とりあえず詫びること

ちょうどすれちがう瞬間のことを「すれちがいざま」といいます。このときの「さま」は、**ちょうど～するとき**の意味です。同じように、「追い越しざまに顔をちらっと見た」といえば、後ろから追い越す瞬間に相手の顔を見たということになります。

総花的な目標で、社員にはピンとこなかった

➡あれもこれも詰め込みすぎると、何も伝わらない

もともとは、料亭などで客が配るご祝儀を花といい、その花を従業員全員に配ることを「総花《そうばな》」といいました。そこから、**すべての関係者に利益を分け与えること**を指すようになったのですが、現代では否定的な意味で用いられることが多く、すべてに目を配る反面、ポイントをしぼりきれていないというニュアンスで使われることが多いようです。

そんな悪だくみはすぐに**底が割れる**ぞ

⬇うまくいかないことをわかってもらいたい

話の結末や、隠した意図が**すぐに見破られてしまうこと**を、「底が割れる」といいます。安易なウソや、その場しのぎの言い訳はすぐにバレてしまいます。まるでしっかり作っていないで、すぐに底が割れてしまう容器のようなものです。何かを隠し通そうとするならば、底が割れないように緻密《ちみつ》なプランを考えましょう。

このプロジェクトを成功させるためには、まず**外堀を埋めよう**

⬇目に浮かぶようにイメージできる言葉づかいを

ある目的を達成するために**周辺にある障害から取り除くこと**を「外堀《そとぼり》を埋める」といいますが、これは豊臣秀吉が築いた大坂城の外堀のことです。大坂冬の陣で、徳川家康は豊臣家に講和の条件として大坂城の外堀を埋め

「外堀を埋める」というのは
大坂冬の陣から生まれた言葉。

ることを要求し、実際に外堀を埋めさせたうえで攻め込み、豊臣家を滅ぼしたのです。この故事によって生まれたのが、この言葉です。

そりが合わないと思っていたが、やはり元の鞘に収まった

⬇よく使う言葉ほど使用は慎重に

「そりが合わない」は、刀のそり方と鞘《さや》のそり方が合わないとぴったりと収まらないことから、「**性格や考え方が合わず、互いにうまくやっていけないこと**」を表しています。

一方の「元の鞘に収まる」も似た考え方で、「一度別れたり、仲違《なかたが》いした者が元の親しい間柄に戻ること」です。特に夫婦や恋人同士が復縁することを指す場合が多いようです。

立て板に水、油紙に火がついたようにしゃべりまくる

➡一方的に話をする人は好感を持たれない

立てかけた板に水を流すようにすらすらとしゃべることを「立て板に水」といいますが、油紙がぺらぺらと燃えるようにしゃべることを「油紙に火がついたよう」といいます。どちらも**よくしゃべる**ことは一緒ですが、水と火を使った対照的なたとえがおもしろいですね。

高級店で**ちょい**呑みの**プチ**贅沢を味わう

➡雑談で使えるちょっとしたうんちく

もともとは「ちょい役」＝「端役《はやく》」のように、あまりいい意味では用いられてこなかった「ちょい」は**江戸時代からある言葉**です。それが最近は、「ちょいモテ」だとか、「ちょい呑《の》み」などのように文字どおり「ちょい」＝「ちょっとした、少しだけ」の意味で使われるようになってきています。

鞘は剣の刀身をおさめる筒状のケースのことです。

一方の「プチ」もほぼ同じ意味ですが、フランス語の「petit」からきた言葉で、若い女性が使うことの多いオシャレ度の高い言葉といえます。

どちらも基本的には仲間うちで使う言葉なので、ビジネス上の親しくない間柄では少し気をつけて使いましょう。

彼の才能は**つとに**知れわたっていた

⬇ **つい教養が出てしまう言葉づかい**

「つと」を漢字で書くと「夙」で、早朝の意味。「つとに」というと、**早くから、以前から**の意味になり、「つとに有名」といえば、早くから有名だったという意味です。

したがって、よく聞く「最近つとに」というのは間違った使い方になります。

個人的な問題だから、第三者の出る幕ではない

↓何事もでしゃばりすぎないのがベター

芝居では話の区切りのたびに幕を引くことがあり、それを一幕、二幕と数えます。このことから、**自分が出る場面でないこと**を「出る幕ではない」というのです。たとえばちょっとした揉《も》め事では「出る幕ではない」といっていても、さらに揉め事が大きくなったときには、文字どおり「出る幕がやってくる」こともあります。そんなときは芝居の主人公になったつもりで、その場に臨みましょう。

この一大事に手をこまぬいていて、どうする！

↓じっくり考えるのは悪いことではないが……

「手をこまぬく」を何もしないで見ていることと正しく理解している人は多いと思いますが、では「手をこまぬく」格好はできるでしょうか。「手を

「最近つとに」は誤用の日本語。
うっかり使うと笑われます。

こまぬく」は、実は**腕組みすること**です。腕組みするだけで、何も動こうとしない姿から、この意味ができたのです。「手をこまぬく」も同じ意味で、「こまぬく」の音が変わったものです。「拱手傍観《きょうしゅぼうかん》」も、事に際して、腕を組んでわきで見ているだけで何もしないことを指します。

悪事に**手を染めた**が、やっと**足を洗う**ことができた

⬇目からウロコの「からだことば」

物事を始めるときには「手を染める」といい、物事をやめるときには「足を洗う」といいます。始めるときは「手」で、終わるときは「足」、また「染める」と「洗う」も対になっているみたいです。しかし、**実は対の表現ではなく、別々のものから生まれた言葉**。「染める」はもともとは「初める」が変化したもので、つまり「手を染める」は「手始め」という意味です。一方の「足を洗う」は、仏教からきた言葉で、寺の外を裸足で修行に歩いた僧が、毎日最後に足を洗って終えたことからきたのです。たまたまとはいえ、おもしろいですね。

通り一遍の謝罪で、許されることではない

➡謝罪は「形よりも心」が大切

表面的で心のこもっていない様子を「通り一遍《いっぺん》」といいます。「通り一遍の謝罪」というと、**形式や体裁を整えているだけで、心から謝ろうという気がない**ことを表しています。また、「通り一遍の客」といえば、通りがかりに立ち寄っただけのなじみのない客という意味ですから、やはり通じるところがある言葉です。

文句を言おうと思って行ったのに、すっかり**毒気を抜かれた**

➡喧嘩腰に切り出しては、よけい状況を悪化させてしまう

「毒気」は、「どっけ」「どっき」「どくけ」と読み、人を憎み、害するような感情のこと。これが、「毒気を抜かれる」になると、**対抗心や気負いがそがれて、拍子抜けすること**を意味します。

何もしないで見ているさまを
「手をこまぬく」といいます。

たとえば、文句を言おうと思って勇んで出かけたのに、相手が平身低頭で謝るので、すっかり怒る気がなくなってしまったというような気持ちです。

また単に、どぎもを抜かれるという意味で使われることもあります。

おまえのように度し難いやつにはお手上げだ

⬇仏教をルーツにする言葉

いくら道理を言って聞かせてもわからないような人のことを「度《ど》し難《がた》いやつ」といって、見放したくなることがありますが、なぜ救い難いことを「度し難い」というのでしょう？

そもそも「度す」は仏教用語の「済度《さいど》する」の略で、**菩薩《ぼさつ》が迷い苦しんでいる人を救って彼岸《ひがん》に渡すこと**。それが転じて、苦しみや困難から救い難いことを「度し難い」というのです。理由を聞いてみないと、なぜそういうのかわからない言葉ですね。

あきれて、二の句が継げない

⬇高い声を出し続けると、どうなる？

「二の句」とは、雅楽《ががく》の朗詠《ろうえい》で三段あるうちの二段目の句のこと。一段目は低音域、二段目は高音域、三段目は中音域で詠ずることになっており、二段目を高い声で詠じ続けると息切れして声が出なくなることから「二の句が継げない」というようになりました。これが転じて、声を出せないほど**驚いたり、あきれたりしたときに使われる**ようになりました。

何年かぶりで会ったのだけど、はなも引っかけられなかったよ

⬇会話・文章を楽しくするうまいフレーズ

「はなも引っかけない」とは、相手にせず無視することです。はなは鼻水のことで、**鼻水を引っかけることさえムダと考えて関わらない**という意

救いようがないことを
「度し難い」といいます。

味なのです。鼻水をかけるのもムダっていうのは、ちょっとすごいですよね。

会議での部長の発言には**腹に据えかねる**ものがあった

⬇「不愉快です」では、いささか子どもっぽい

「据《す》える」は「しっかり落ち着かせること」です。つまり「腹に据えかねる」は「**腹のなかに収めておけないほど怒っていること**」を表しています。

一方で、「腹を据えて」といえば、「覚悟を決めて」の意味になります。「腹に据えかねる」と「腹を据えて」では、まるで違う意味なのがおもしろいところですね。

羽目を外しすぎて、とんでもない**羽目に陥った**

⬇「今夜は無礼講で！」を真に受けてはいけない

「調子に乗って度を越す」ことを「羽目《はめ》を外す」といいますが、羽目とは何でしょうか？

いくつかの語源があるのですが、有力なのは**馬の手綱をつけるための金具のこと**

で、これが外れると馬をコントロールできなくなるそうです。ところが、「羽目に陥る」というときは、どうやら**家の羽目板のこと**のようです。羽目板はなかなか外れないので、「主に困っている境遇」のことを指して「羽目」というようになったといわれています。

半時待ってください

⬇いいにくいことを巧みに伝える言葉づかい

日本では江戸時代まで一日を昼と夜でそれぞれ六つの時間帯に分けていました。そのため、**「一時《いっとき》」は今の二時間**に当たりますから、「半時《はんとき》」は一時間に当たると考えていいでしょう。しかし、夏と冬では昼と夜の長さが違うので、実際には季節ごとに「一時《いっとき》」の長さも違っていました。でも、当時は厳密な時間にこだわらなくても生活するのに困らなかったので、人々には違和感のない時間感覚でした。

怒りを表す表現には「堪忍袋の緒が切れる」「怒り心頭に発する」などもあります。

ひそみに倣う人が跡を絶たない

⬇思わず「へぇ～」といいたくなる言葉の由来

「**善**《よ》**し悪**《あ》**しを考えずに、人の真似をすること**」を「ひそみに倣《なら》う」といいますが、最近はあまり使われることのない言い方ですね。

「ひそみ」というのは「眉をひそめて顔をしかめる」こと。その昔、中国で、西施《せいし》という美女が病気の痛みで眉をひそめているのを見た女が、眉をひそめれば美人に見えるのかと思って、わけもわからず真似したことからきた言葉です。理由を知らないと、なぜその意味になるかまったくわかりませんね。

ひとつよろしくお願いします

⬇ビジネス会話でよく耳にするフレーズ

この場合の「ひとつ」は「一つ」のことではなく、**「ちょっと」の意味**です。「ひとつ試してみましょう」なども同じで、「ちょっと試してみましょう」ということになります。特に「ひとつよろしく」の場合は、お願いをするときに軽い調子で付け加える語という程度で、深い意味はないといっていいでしょう。

その申し出に二つ返事で承諾しました

⬇前向きに取り組もうという気持ちが大切

「二つ返事」は「**ためらうことなく、すぐ承諾すること**」です。これは、人から何か頼まれたときに、「はい、はい、すぐにやります」などと、二度返事を重ねたことからきたといわれています。しかし、今の感覚では「返事は一度でいい！」と叱られそうです。そのため、「一つ返事」を「快諾する」の意味で使う人が増えています。

ただし、「一つ返事」はまだ辞書に載っている言葉ではありません。間違いだと指摘する人がまだ多いので、公の場では使わないほうが無難です。

「ひそみ」というのは
眉をひそめることです。

両方とも買うから、もう少し**勉強**してよ

↓**お金が絡むだけに一段とクレバーに**

最近はあまり使われなくなりましたが、店先で「勉強する」というと「値引きする」の意味で使われます。「勉強」は**中国の言葉**で、「広く努力する」こと、あるいは「無理をすること」の意味でした。そこで、値段を下げても客に買ってもらおうと努力するという意味から「勉強する」が「値引きする」の意味になったのです。

なお、日本で「勉強」がもっぱら学問について使われるようになったのも明治時代以降で、それまでは幅広い意味で使われていたそうです。

そうした例は**枚挙にいとまがない**

↓**こんな言葉を使いこなせればクール**

「枚挙《まいきょ》」は「一つひとつ、数を数えること」で、「いとま」は「暇」と書きます。つまり「枚挙にいとまがない」は「**たくさんありすぎて、いちいち数えられない**」と

いう意味です。「枚挙する」という言い方もありますが、「枚挙にいとまがない」という使い方以外ではめったに耳にしない言葉ですね。

デカルトは『方法序説』で考え方の原則として「完全な枚挙と全体にわたる見直しをする」ことをすすめています。「いとま」のほうは、時代劇などで「おいとまをください」と使われるときの「おいとま」と同じ言葉です。

まかり間違えば、今頃、大金持ちになっている

⬇語彙力があることも伝えることができる

「まかり」を漢字で書くと「罷り」で、「まかり通る」というときの「まかり」と同じです。この言葉は、**後に続く動詞を強めるはたらき**をします。つまり「まかり間違う」＝「万が一間違える」、「まかり通る」＝「堂々と通用する」という意味です。

なお、「罷」という字は「罷免《ひめん》」などに使われ、「役目をやめさせる、仕事を中止する」などの意味があります。

「勉強」はもともと中国の言葉で
「無理をすること」という意味。

まめに動いてくれるから、大助かりだ

⬇ビジネスパーソン失格といわれないために

「筆まめ」などと使うときの「まめ」は、漢字では「忠実」と書きます。意味は「**誠実でまじめであるさま**」です。平安時代には「真心を持って相手を想う」という意味で使われ、「まめ男」といえば「他の女性に心を移さない堅実な男性」のことを指しました。

鎌倉時代以降は「面倒がらずによく働く、勤勉に働く」の意味になり、現代と同じように使われていました。

満更でもない気分

⬇おだてられているのがわかっていても……

「満更《まんざら》」は「〜ない」と否定語をともなって使われる言葉です。「満更でもない」は「**必ずしも悪くない、まったくダメだというわけではない**」という意味ですが、「好きだ

と告白されて、満更でもない顔をしていた」といえば、まったくダメというよりもかなり脈がありそうですよね。

ところで、この「満更」という言葉は当て字のうえに、語源もわからないというちょっとミステリアスな言葉です。

三日にあげず、彼女のいる店に通った

⬇知らないと話にならないフレーズ

「三日にあげず」は、間をおかず、たびたびという頻度を表す言い方です。三日は、三日坊主、三日天下のように、短いことを表していて、**必ずしも三日間であるわけではありません**。あくまでたとえです。

最近は、「三日とあげず」という言い方でも通用しているようですが、正しくは「三日にあげず」です。

「まめ」を漢字で書くと
「忠実」になります。

部長は**虫の居どころが悪い**みたいだから、出直そう

↓上司の機嫌を察知する配慮も必要

「虫の居どころが悪い」とは、**ちょっとしたことにも機嫌を損ねやすい状態**を意味します。ほかにも「腹の虫がおさまらない」「虫が好かない」「虫がいい」「虫の知らせ」など、虫を使って人間の感情を表現する言葉があります。昔、人間の体には虫が住んでいて、その虫が体内で何かすることで感情に影響すると考えられていたのです。またそれは、感情を体内の虫のせいにして、やんわりと表現したともいえます。

面倒くさい

↓うつりゆく日本語の歴史

「面倒」は「わずらわしい、世話」などの意味ですが、その漢字は当て字で、言葉自体も和製漢語です。**もともと「目だうな」という言葉**があり、「見た目が悪い、見苦しい」の意味で、そこから「見たくもない、わずらわしい」の意味へと変わっていき

ました。この「目だう」が「めんどう」へと音が転化し、「面倒」の漢字が当てられたのです。なお、中国語では「面倒」は「下向き」という意味です。

最後の勝負で勝てて、やっと面目を施したよ

⬇大人でも読み間違いやすい漢字

「面目」には「めんぼく」と「めんもく」の二種類の読み方があります。「めんぼく」と読む場合は「名誉」に主に重点を置き、「めんもく」と読む場合は「顔、または趣旨・主張」に主に重点を置くと区別されています。

「面目を施す《ほどこ》」の場合は「めんぼく」と読み、「**世間の評判を高める**」という意味になります。「面目躍如」も「世間の評判が高まること」ですから「めんぼくやくじょ」と読むのが一般的です。

「虫の居どころが悪い」など、日本人はすぐ虫のせいにします。

しかたない、おれが**矢面に立つ**よ

↓責任逃れするリーダーは見苦しい

「矢面《やおもて》」は、戦場で敵の矢が飛んでくる最も当たりやすいところなので、「**批判や非難を集中的に浴びる立場に身を置くこと**」を意味します。不祥事が起こったときにその対応を任されて、非難や質問を一手に引き受けて事態を収束させる担当者はまさに「矢面に立つ」といえるでしょう。

藪から棒に、そんな話をされても答えられない

↓知的に思われるちょっとしたひと言

「藪棒《やぶぼう》」は、思いがけないさま、だしぬけであること。**唐突《とうとつ》に起こったことに対する比喩《ひゆ》として使われる言葉**です。見通しのきかない藪のなかから突然に棒が突き出されたら、だれでもびっくりしますよね。

「藪蛇《へび》」という俗語もありますが、こちらはよけいなことをして、かえって悪い結果

を招くことです。「藪をつついて蛇を出す」の略なので、「藪から蛇」といってしまうと間違いです。

横車を押すから反感を買ってしまうんだ

⬇**人間関係においては遠慮してほしいこと**

「横車《よこぐるま》を押す」とは「道理に合わないこと、理屈に合わないことを無理に押し通すこと」です。車を横に押しても簡単には動きませんが、それを無理やり押すというところからきています。つまり、**理不尽なことを強引に行うたとえ**です。

同じような言葉として「横紙を破る」という言い方もあります。和紙は、横に裂くと裂けにくいのを、あえて破るところから、無理を押し通すという意味になります。

「びっくり！」したときに
「藪から棒に」といいます。

九回裏に逆転して、**溜飲が下がった**

⬇胸のつかえがおりたときにはこのひと言を

「溜飲《りゅういん》」とは、食べたり、飲んだりしたものが消化できずに胃にたまって、喉元《のどもと》まで出てくる胃液のことです。つまり、この胃液が下がれば、気分がすっきりすることから、「溜飲が下がる」は「**不平や不満、恨みなど、胸のつかえがおりて、気分がすっきりすること**」をいいます。

ところで、「それらしい様子も見せない」という意味の「おくびにも出さない」の「おくび」は胃にたまったガス、曖気《あいき》（＝げっぷ）のことです。

それは良心にもとる行為だ

⬇あこぎなことはしないほうがいい

「良心に」＋「もとる」が正しい組み合わせです。「もとる」は「道理にそむく、反する」の意味で、この場合「**良心に反する**」の意味です。「良心にも」で切ると、意味のわからない言葉になってしまいますが、意外とここで切っている人が多いのではないでしょうか。

それに関してはいっさい論を俟たない

⬇ 穏やかに言うほうがある種の凄みが出る

「論じるまでもないこと」を「俟《ま》たない」といいますが、「俟たない」と「待たない」は違うのでしょうか？

「待つ」の場合は一般的な意味の「物事・人・時が来るのを予期し、願い望みながら、それまでの時間を過ごす」で、「俟つ」は「**頼りとする、必要とする**」の意味です。つまり「論を俟たない」は、「論じる必要がない」という意味です。

ただし「俟」は常用漢字ではありませんし、「俟」を使った熟語もほとんどありませんので、一般的には平仮名で書けばいいでしょう。

ことさら論じるまでもないことを「論を俟たない」といいます。

2 とんでもない思い違い、していませんか？

自分は丁寧な敬語を使っているつもりでいても、相手に首を傾《かし》げられることがあるものです。どこか間違って使っていたり、思い違いのまま覚えていたものを口にしたからでしょう。

このようなうろ覚えの言い方は、往々にしてトラブルを引き起こすことが多いようです。敬意を表するつもりで使った敬語で、相手を怒らせてしまっては困ります。

いかがでしょう。あなたの言葉づかいは大丈夫でしょうか。ここでは、うっかり間違えると「社会人落第」と思われやすいフレーズを集めてみました。

おまえは本当に悪運が強い男だな

⬇真面目な人だけが幸せになるとはかぎらない

「悪運が強い」というと、悪いことが起こってもギリギリのところで助かり、最悪の事態にならないことと思っている人もいますが、正しくは、**悪いことをしたのにその報いを受けずにかえって栄えること**です。ですから、人に向かって気軽に、「君は悪運が強いね」なんて言わないほうがいいですよ。

朝いちでうかがいます
⬇話し手も聞き手も注意しなくてはなりません

「朝いち」は「朝いちばん」の省略形で、「その日の朝の業務の始まった直後のこと」を指します。ただし相手の会社は朝八時が始業時間で、自分の会社は九時が始業時間だったとき、「朝いちにうかがいます」というだけでは、八時直後なのか、九時直後なのかわかりません。こんな場合は、やはり訪問時間をきちんと伝えたほうがいいでしょう。

同じように、「午後いち」は「午後いちばん」の省略形で、「その日の午後の業務の始まった直後のこと」です。

「朝いち」「午後いち」は、**ある程度親しい間柄になってから使える言葉**

相手の会社の始業時間によって
「朝いち」は常に変わります。

です。初めて会った相手に使う言葉ではないと心得ておきましょう。

この橋を建設するのに**足かけ**五年かかった

➡年数の数え方くらいは、頭に入れておきたいもの

「足かけ」は年数などを計算するときに、**切り上げて数える数え方**。たとえば二〇一六年六月から二〇二〇年五月までをいうとき、実質は丸四年ですが、足かけで数えると五年になります。

このような数え方なので、「足かけ約五年」とか、「足かけでおよそ一〇年」というような言い方はなじみません。

一両日中に見積もりを出します

➡うっかり間違わぬよう、十分ご注意を

「一両日《いちりょうじつ》」は、辞書では「一日、または二日」と出ていますが、「今日、明日」と出

ている辞書もあります。しかし、ビジネスで使われる場合は、そこまで厳密ではなく、**「数日中に」とか「なるべく早く」というあいまいな意味になる**ことも少なくありません。そこではっきりとした締切りがある場合は、「〇日までに」と伝えることもビジネスパーソンとして必要なルールですね。

いやがうえにも期待が高まる

⬇常識以前の間違いをしていませんか

「いやがうえにも」は、漢字では「弥が上にも」と書きます。**「嫌が上にも」と書くのは間違い**です。

「弥」という字は「広く端まで行き渡っている」という意味ですから、「いやがうえにも」で「なおそのうえに、ますます」ということになります。

ところで、これと似た言葉に、「いやがおうにも」という言葉もありますが、漢字で書くと「否が応にも」となり、まったく違う字を使います。こちらは「なにがなんでも、有無を言わせず」という意味なので、混同しな

「なにがなんでも」というときは
「いやがおうにも」を使います。

いようにしましょう。

山田太郎さんは**いらっしゃいます**か

⬇つい口に出してしまう失礼な敬語

営業先に出向いて、「佐藤支店長はいらっしゃいますか」というのは普通ですが、「佐藤支店長はおられますか」というと失礼になるでしょうか？

これは**謙譲表現の「おる」＋尊敬表現の「れる」の合体語ですから、正しいとはいえません**。

しかし、「おる」は丁寧語として用いられていることもあります。たとえば「毎日、学校に通っております」というような場合です。したがって、「おられます」はまったくの間違いとは言い切れません。それでも、へんに誤解を受けないように「いらっしゃる」を使うほうが無難でしょう。

負い目があっても、**引け目**は持つな

⬇あれ、どっちだっけ？　では赤っ恥

「負い目」と「引け目」は似ていますが、明らかに違う意味です。「負い目」は、**「自分にも悪いところがあって心に負担を感じること」**で、「引け目」は「人よりも自分は劣っているという心の弱みを感じること」です。「負い目」を持つことはあっても、「引け目」は持たないようにしましょう。

結婚式は**おごそかに**執り行われた

⬇教わったはずなのに、なぜか言ってしまう

「おごそか」は「気持ちが引き締まるほど、重々しくいかめしいさま」を表し、結婚式でも、卒業式でも、葬儀でも使える言葉です。

一方、「葬儀がしめやかに営まれた」という言いまわしもよく聞きますが、「しめやか」は「ひっそりと物静かな様子や、悲しみに沈むさま」を表し、

「おめでたい」席上では、
「おごそかに」といいます。

主に葬儀で使われる言葉です。結婚式で「しめやか」を用いるのはNGです。

彼は**押し出しがいい**人物になっていた

⬇**頼れそうな感じのする人を言い表すとき**

「押しが強い人」というと、自分の思うとおり強引に事を運ぼうとする人のことですが、「押し出しがいい」といえば、**態度や風采《ふうさい》が立派であること、恰幅《かっぷく》のいいこと**です。

この二つの言葉は意味を混同しがちなのでちょっと注意してください。

今や**押しも押されもしない**実力の持ち主になった

⬇**言いたいのにうまく言えない日本語表現**

「実力があって堂々としている」ことを「押しも押されもしない、押しも押されもせぬ」といいますが、「押しも押されぬ」という言い方をする人もいます。しかし、これは**「押すに押されぬ」＝「びくともしない、れっきとした」が交ざった言い方**で、誤用だといっていいでしょう。ただし、若い世代を中心に「実力があって、びくともしないほど確固たる地位を築いている」という意味で使う人も増えています。

部長の**仰る**とおりです

⬇これさえ言えれば大人の仲間入り

社内の人だけがいる場で、上司の鈴木部長の話を受けて、「鈴木部長の仰《おっしゃ》るとおり」というのは正しい敬語です。しかし、ここに社外の人が交じった場合は、「鈴木の申すとおり」が正しい言葉づかいになります。**上下関係よりも、ウチとソトの関係のほうを優先するのがビジネスルールです。**

では、「社長の申されるとおりです」という言い方は、正しい敬語といえるでしょうか？

「申される」を分解すると、謙譲を表す「申す」＋尊敬を表す「れる」が合体した言葉といえるでしょう。しかし、**謙譲語と尊敬語を合体しても尊**

「押しも押されぬ」は禁句。
常識知らず、とバカにされます。

敬を表すことにはなりません。

とはいえ、文化庁の平成16年度『国語に関する世論調査』によると、調査に答えた約半分の人たちが、「申される」という尊敬表現に違和感を持っていませんでした。一般的にも認知度を得ている言い方といっていいでしょうが、正しい敬語ではないことは知っておくべきでしょう。

急な出来事に、おっとり刀で駆けつけた

⬇多くの人がハマる落とし穴

「おっとり」を「のんびり」ととると大間違い。「おっとり」は「押っ取り」と書き、「**急いで手に取る、勢いよくつかむ**」の意味です。武士が、緊急の際に刀を腰に差さずに手に持って駆けつけるさまが「おっとり刀」というわけです。

「おっとり」を「のんびり」ととると、正反対の意味になりますから要注意です。

お召し上がりください

⬇やはり気になる「お」や「ご」のつけ方

「召す」は、「着る、履く、(年を) とる、(風邪を) ひく、食べる、飲む」など、いくつもの意味で使える言葉です。ただし、そのなかで「召し上がる」という言い方は「食べる、飲む」ときだけに使う尊敬語です。

ところで、「お召し上がりください」というのはよく聞く言い方ですが、「お+召し上がる」となると二重敬語になります。**二重敬語は国語的には間違いだとされていて、本来は注意すべき使い方です。** しかし、最近は「お見えになられる」という二重敬語もよく使われているのを耳にします。二重敬語によって、特に不快感を覚えるわけではありませんが、回りくどく、ヘンに丁寧すぎて聞こえる場合もありますから注意するに越したことはありません。

「召し上がってください」
というのが正しい敬語です。

逆転勝ちに**快哉を叫んだ**

⬇「喝采を叫ぶ」はとんでもない誤用

「快哉《かいさい》」は、「快哉《かいかな》」の音読みです。「こころよいこと、痛快に思うこと」で、「快哉を叫ぶ」などのように使います。これは**「心からスッキリして喜びの声をあげること」**を表現しています。

ところで、音が似ている言葉に「喝采《かっさい》」があります。「喝采」は「声をあげてほめること」なので、「喝采を叫ぶ」というと二重の意味になってしまいます。この場合は、「喝采を送る」などとします。

かかりつけの医者に急いで連絡した

⬇普段づかいの言葉にも、**さまざまな理解不足がある**

「かかりつけ」は、いつもかかっているという意味ですが、医者や病院以外には使わない言葉です。

いつも利用していると言いたいときは、「行きつけ」という言い方になります。「かかりつけの病院が休診だったので、行きつけの美容院に髪を切りに行った」というような使い分けになります。

そこ、**かたし**といて

⬇ウチの地元にそんな言葉はありません

関東、特に東京の下町では「片づける」ことを「かたす」といいます。実は**東京方言**というのがあり（といっても東京だけで使われているわけではありません）、たとえば「落ちる」という意味の「おっこちる」、「怖い」という意味の「おっかない」なども東京方言です。東京で使われている言葉がすべて標準語というわけではないので、東京生まれの人は気をつけましょう。

「かかりつけの飲み屋」
とはいいません。

侃侃諤諤の白熱した議論が繰り広げられた

⬇日本人が「九割間違える」日本語

「侃侃諤諤《かんかんがくがく》」とは、正しいと思うことを堂々と主張するさまや、盛んに議論すること です。これと音が似ている言葉で、たくさんの人が口やかましく騒ぎ立てることを意味する「喧喧囂囂《けんけんごうごう》」があります。

「カンカンガクガク」と「ケンケンゴウゴウ」。たしかに似ています。そのため、**「カンカンゴウゴウ」「ケンケンガクガク」**と両者を混ぜこぜにする人もいて、混乱はさらに深まります。しっかりと覚えるしかないですね。

寒心に堪えない事件が起こった

⬇相手のレベルに合わせて話すのも気配りです

「寒心《かんしん》」は「恐れや心配などによってぞっとすること」、「堪《た》えない」は気持ちを抑えられないこと。したがって、「寒心に堪えない」とは「**ぞっとしてたまらない**」の意味になります。

ただ、寒心の音だけでは、「感心、関心、歓心、甘心」などがありますから、不用意に使うと相手に「はてな？」という顔をされそうですから、使う相手は教養のある人にしたほうがいいでしょう。

今でも**気が置けない**仲

⬇肯定的な意味なのか、否定的な意味なのか

「気が置けない」も間違った意味でとらえている人が多い言葉です。本当は、「**遠慮する必要のない**」という意味。「気」は「気づかい」のことで、「気が置けない」というのは「二人の間に気づかう必要がない」というような意味になります。したがって「気が置ける」というのは正反対の意味になります。

どうやら「気が置けない」という否定形であることからネガティブな意味合いにとる人が多く、また「気が許せない」と混同することもあるよう

何となくうちとけられないことを「気が置ける」といいます。

です。しかし、間違えると正反対の意味になるので、これは要注意です。

その笑い方は苦笑、冷笑、嘲笑、どれですか？

⬇知らなかったでは済まされない気持ちの察し方

「苦笑」は、まさに「苦笑い」で、苦々しい気持ちや不快な気持ちがあるのに、その場の状況からしかたなく笑うこと。

「冷笑」は、相手を一段低い立場に追いやるような皮肉なあざ笑いのこと。

「嘲笑《ちょうしょう》」は、**相手を笑いものにして、徹底的におとしめてやろうとするときの笑い**のこと。どうせ笑うなら、このような笑いでなく、心から笑いたいものですね。

お話しくださる・お話しいただく

⬇相手によってはムッとするかもしれない

「お〜くださる」は尊敬表現です。相手が、こちらに対して〜してくれることを表し、

相手が進んでやってくれることを表現しています。

一方の「お～いただく」のほうは謙譲表現になります。こちらがへりくだって、相手を立てることによって敬い、**こちら側からお願いしてやってもらうこと**を表しています。

そこまで厳密に使い分けずに言うことが多いでしょうが、敬語というのは難しいもので、人によっては気にしますから注意が必要でしょう。

ご遠慮願います

➡**なんだ、そういうことだったのか**

「ご遠慮願います」に違和感を持つ人も少なくありません。それは、遠慮は自分の意思でするものなのに、「ご遠慮」といくら「ご」をつけられても、人から言われるのはヘンだという気持ちがするからです。しかし、この「遠慮」は「他人に対して行動や言葉を控える」という意味ではなく、**「やめる」ことを婉曲《えんきょく》に表現する**ほうの意味です。

「お～くださる」は尊敬表現。
「お～いただく」は謙譲表現です。

また、「ご遠慮」の「ご」は謙譲表現で、へりくだることで相手を立てる言い方です。文法的には「ご遠慮願います」はまったく正しい言い方なのです。

ご苦労さま・お疲れさま

⬇「ナニ様？」と言われないようにしたい

「ご苦労さま」は目下の人に、「お疲れさま」は目上の人にいう言葉というのが、最近は定着しているようです。しかし、もともとはそれほどはっきりとした使い分けはされていませんでした。

たとえば時代劇で、臣下の武士が殿様に向かって「ご苦労さまでございました」という場面はよくあります。このような言い方をすれば、目下の人から言っても、特に不快感は与えません。とはいっても、すでにかなり定着していることですから、**目上の人には「ご苦労さま」を使わないほうが無難**かもしれません。

姑息な手段ばかり考えるな!

⬇実は、卑怯なことではなかった

「姑息《こそく》」をずる賢い感じがする言葉と思っている人が多いかもしれませんが、「姑息」には**「その場しのぎで、一時の間に合わせにすること」という意味しかありません。**たとえば、事故で怪我をしたとき、その場で救急処置をするのは「姑息な手当て」です。この手当てに対して「卑怯《ひきょう》な手当て」だと怒る人はいないでしょう。「姑息」と「卑怯」がまるで違う意味だということは心に留めておきましょう。

その事件について、言葉を濁す人と口ごもる人がいた

⬇仕事ができる人は、言いたいことをピシッという

「言葉を濁《にご》す」は「はっきり言わないで、曖昧《あいまい》に言うこと」で、「口ごもる」は「言いかけてやめること、つかえてうまく言えないこと」です。前者が「曖

「言葉を濁す」の意味で
「口を濁す」を使う人もいます。

味に言う」のに対して、**後者は「言わない」ところが違い**です。

この親にしてこの子あり

⬇言い直しがきかないのが会話の難しいところ

「**優れた親であるからこそ、優れた子どもが生まれる**」という意味です。しかし最近は本来の意味と違って、「こんな悪い親だから、悪い子どもが生まれる」と皮肉な意味で用いられることも多いようです。

また、「鳶《とび》が鷹《たか》を生む」と混同する人もいますが、こちらは「平凡な親から優れた子どもが生まれる」という正反対の意味です。

○○様・○○殿

⬇自信を持って言葉を操るために

手紙などの文書で、「○○○○様」にすべきか、「○○○○殿」にするか迷うときがあります。本来は、**「殿」は同僚や目下の人に使う言葉**でしたが、現代ではそうした区別はあまりありません。

ただ明治時代以来の役所の慣例で、公私にけじめをつけるために一律で「殿」を使うことにしたために、役所や企業の文書や手紙では「殿」がよく使われています。また、「○○商工会議所殿」などのように使っても違和感がないことから使い勝手のいい言葉でもあります。

一方の「様」は、目上へでも目下へでも使える便利な言葉で、個人に対しては「様」を使うほうが形式的でなく丁寧な感じがします。

いちばん好きな歌の**さわり**だけ歌ってよ

➡知らずに使っていた自分が恥ずかしい……

そう言われて、好きな歌の最初の部分だけ歌えばいいと思った人は間違っていますよ。「さわり」は、**曲の聞かせどころとか、話の要点やいちばん印象に残るところ**の意味です。「さわり」を最初の部分と覚えている人は

歌の「さわり」は
最初の部分ではありません。

気をつけましょう。

ああ見えて、彼女は**したたかな**人だからな

➡けっしてほめているわけではないときもある

最近は、「したたかな人」というと、「少しのトラブルではへこたれない人、ころんでもただでは起きない人」のように、使い方によってはよくも悪くもとれるような言葉の印象があります。

しかし、**もともとは「非常に強い人、手ごわい人」**という意味で、ほめ言葉として使われていました。それが明治時代以降に、今のような使われ方もしてきたのです。ですから、いい意味で言ったのに悪くとらえられることもありますから、使い方には少し注意が必要です。

あの池でボートに乗ると、カップルは別れるという**ジンクス**がある

↓よく聞くカタカナ語、どう使えばいいか

「ジンクス」という英単語には、悪運、不運、悪運をもたらす人や物の意味はありますが、**幸運の意味はもともとありません**。しかし、日本では幸運についていても「ジンクス」を使う人が多く、すでに原義とは離れた外来語としてとらえてもいいのではないでしょうか。辞書によっては「広く因縁があるように思われる事柄」とか「縁起のよい、または悪い言い伝え」などのように、悪運だけに限らない意味を載せているものもあります。

砂を噛む・臍を噛（噬）む

↓できれば「どちらも」みたくないですね

「砂を噛《か》む」は「味わいや面白みがまったくないこと」で、たしかに砂を

後になって悔やむことを
「臍を噬む」といいます。

噛んでも、何もいいことはありませんよね。

「臍《ほぞ》を噬《か》む」は、中国・春秋時代の故事が由来の言葉です。「臍」は「へそ」のことで、**自分で自分のへそを噬もうとしても及ばないところから、悔やんでもどうにもならないことを後悔する**ことを表しています。

あの道路は一年**中**、工事**中**だな

⬇常識として知っておきたい「ちゅう」と「じゅう」

ふだん気にして使っていることはないでしょうが、「中」には「ちゅう」と「じゅう」の両方の読み方があります。

実は「ちゅう」には、①そのもののなかに含まれる、②ちょうどしているところ、③その範囲のなかにあること、またはその範囲全部、という意味があります。たとえば、①は「空気中」、②は「仕事中」、③は「期間中」などです。

しかし、「じゅう」と読ませる場合には**③の意味しかありません**。たとえば、「一年中」「世界中」などで、範囲を表すものです。でも、あまり難しく考えず、「言われて

みれば、確かにそうだなあ」という程度で使えばいいでしょう。

珠玉の短編映画に感動した

⬇あなたも知らずに大恥をかいている

「珠玉《しゅぎょく》」というのは、本来は真珠と宝石など、小さくて美しいものを指します。したがって、「珠玉」は**小さなものをほめるときの言葉**です。「珠玉の短編小説」とはいっても、「珠玉の長編小説」というのはヘンなのです。

広い家が自慢の上司に招かれて「珠玉の邸宅ですね」なんて、ほめたつもりで言うと腹を立てられるかもしれませんから注意してください。

学生は**すべからく**勉強に熱を入れるべし

⬇違いをわきまえて使い分けるのが大人

意外と「すべて」と間違えている人が多いようですが、「すべからく」は

「珠玉」は、小さく輝いているものに限って使われる言葉です。

あとに「べし」をともなうことが多く、「当然、〜すべき」の意味で使われる言葉です。「すべて」と「すべからく」の音が似ていることから、なんとなく間違ってしまうのでしょう。ただ、日常会話で使うことはほとんどありませんから、それも無理ないことですけれど、正しい意味は心得ておきましょう。

傘をすぼめる・傘をつぼめる

⬇へぇ、だからこう言うんだ！

「すぼめる」と「つぼめる」は、音も似ていますが、意味もとても似ています。しかも漢字で書くと、どちらも「窄める」なのです。その違いは、風が強いときなどに傘を**途中まで**閉じるのは「すぼめる」で、**完全に**傘を閉じるのが「つぼめる」です。

また、口は「すぼめる」とも「つぼめる」ともいいますが、「肩をすぼめる」とはいっても、「肩をつぼめる」とはいいません。つまり、完全に閉じることを「つぼめる」といいます。

せいぜいがんばってください

⬇その言葉づかい、知らない人はカチンときます

「せいぜい」も複数の意味がある言葉なので、使うときには注意が必要です。「せいぜい努力します」といえば、**「精一杯努力します」**の意味でプラス方向の意味です。しかし、「どうせ無理だろうと思うけど、せいぜい努力してください」と言うと、皮肉を利かせた言い方でマイナス方向に聞こえます。

また、「せいぜい二時間もあれば終わる仕事です」と言うと、「多く見積もっても」の意味になります。簡単な言葉ですが、反対の意味にとられかねないこともありますから、慎重に使うほうがいいでしょう。

今の話は単純すぎて**ぞっとしない**な

⬇「つまらない」という思いをソフトに伝える言葉

「ぞっとする」は、寒さや怖さを感じたときにも使いますが、「ぞっとする

「せいぜい努力します」は
やる気満々ということです。

ほど、素晴らしい景色」というときは深い感動を表すために使われています。つまり、「ぞっとしない」は「**感動するほどのものではない、感心しない**」という意味なのです。したがって、寒さや怖さを表す「ぞっとする」と、感心しないことを表す「ぞっとしない」は対になる言葉ではないということです。「あの古い屋敷で幽霊を見たけど、おれはまったくぞっとしなかった」なんて強がっても、その使い方は間違っていますからね。

蕎麦を手繰る・蕎麦を啜る

⬇会話を味わい深くする言いまわし

蕎麦《そば》通の間では「手繰《たぐ》る」という言い方が、最近は普通に通用しています。「蕎麦でも手繰るか」というように使います。これはもちろん、「蕎麦でも食べるか」の意味ですが、知らない人には何をいっているのか一瞬とまどう言い方ですね。

江戸時代に江戸の**大工さんたちが使っていた隠語**で、当時は「縄でも手繰るか」ともいっていたそうです。大工さんたちは蕎麦のことを仲間うちでは縄と呼ぶこともあり、そうなると「手繰る」という言葉を使うのもしっくりします。

江戸時代より後は、ほとんど死語となっていて、古典落語にもめったに出てくることがなかったのが、最近になって広く復活した言葉のようです。ただ間違ってはいけないのは、**うどんやラーメンを食べるときには「手繰る」は使いません**。蕎麦専用用語です。くれぐれも通を気どって、「ラーメンでも手繰るか」とはいわないように。

一方、「啜《すす》る」は、液状のものを口に少しずつ吸い込むこと。「液状のもの」というところに少し引っかかりますが、細い蕎麦だとなんとなく納得できます。「手繰る」に比べると汎用《はんよう》性は広く、蕎麦以外のものを食べるときにも使えます。

日本人にとっては特別な存在である蕎麦ですから、表現にもこだわりがあるのですね。

「ぞっとしない」は「ぞっとする」を
否定したものではありません。

力不足です・**役不足**です

↓これを誤ると急にバカに見える

よく使い間違えるのが、「力不足」と「役不足」。「力不足」は**自分の力が足りなくてうまくやることができない**場合、「役不足」は**能力に比べて与えられた役どころが十分でない**場合です。

「力不足ですが、一生懸命やらせていただきます」は、やる気十分だということを傲《ごう》慢《まん》に聞こえないようにうまくアピールできるフレーズです。

「この仕事は君には役不足だと思うが、一生懸命やってくれ」と言うと、小さな仕事で君にはもの足りないだろうががんばってくれ、というような意味合いになります。

もし、自分の手に余ると言いたいときに、「この仕事は私には役不足です」と言ってしまうと、反対の意味になりますし、傲慢だと思われますから、くれぐれも注意してください。

今後の進路についてつらつら考えた

➡この「ひと言」で教養が試される！

「つらつら」は、**つくづく、よくよく、念入りに**という意味です。たとえば「つらつら考える」はよく聞くフレーズですが、なんとなく考える、ぼんやり考えると思って使っている人が意外に多いようです。

もしかすると退屈なことをいう「つれづれ」と混同してつい使ってしまうのかもしれません。

適当な漢字を入れろという問題に適当に答えた

➡くれぐれも使い方を間違えないように気をつけたい

「次の空欄に適当な漢字を入れなさい」といえば、「正しい漢字を入れなさい」の意味ですが、「適当な仕事をするな！」と上司に怒られた場合は、「いい加減な仕事をするな！」の意味です。正反対の意味になるのはなぜでしょ

「つらつら」は漢字では
「熟々」などと書きます。

う？

もともとは「きっちりと当てはまる」という意味でしたが、だんだん「ほどよく当てはまる」から「当てはまるように繕《つくろ》う」へとゆるい意味に変わっていき、とうとう正反対の意味にまで拡張されてしまったのです。使い方に注意が必要な言葉ですから気をつけましょう。

天地無用と書いてあるから気をつけよう

⬇なぜそう書くのか、説明できますか

引っ越しのとき、段ボールに「天地無用《てんちむよう》」と書かれているのを見たことがあるでしょう。これを見て、「天も地も関係ないから、どっちを上にして置いてもいいだろう」と思ったら大間違い。「天地無用」と書かれている面を必ず上にしなければなりません。

「天地」は上下のことですが、「無用」は「**してはならない**」ことです。「口外無用《こうがいむよう》」といえば「他で話すことは厳禁」の意味ですから、これと同じ使用法です。

一方、「心配無用」というと「心配する必要はない」の意味ですから、禁止ではなく「役に立たない、必要ではない」となり、違った意味合いになります。

事故現場を目のあたりにして鳥肌が立った

⬇細かいことはよしとするのも日本語の醍醐味

寒さや恐ろしさでぞっとすることが「鳥肌が立つ」ですから、本来は、マイナスの意味で使われる言葉です。しかし、**最近はプラスイメージの言葉として使われることもあります**。まだ辞書に載ってはいませんが、テレビのグルメ番組や感動を売り物にする番組ではしょっちゅう使われています。

ただ、こういう言葉も使う相手には注意しましょう。「その言葉づかいは間違っている！　もともとは……」と長いうんちくを聞かされかねませんからね。

上下を逆さまにしてはいけない
荷物には「天地無用」と記します。

とんでもないことでございます・**もったいない**ことでございます

⬇つい口から出そうになったらこう言い換えよう

「とんでもない」「もったいない」は、**「とんでも＋ない」「もったい＋ない」という組み合わせの言葉ではありません。**「とんでもない」「もったいない」で一つの言葉です。

したがって、両方とも丁寧に言うときは、「とんでもないことでございます」「もったいないことでございます」が正しいのですが、「とんでもない」については、「とんでもありません」「とんでもございません」に違和感を覚えない人のほうが多いようです。すでに間違った表現とはいえないといっていいでしょう。

しかし、「もったいない」のほうは「もったいありません」「もったいございません」とはいいませんので要注意です。

ちなみに「とんでもない」と似た意味の「滅相《めっそう》もない」という言葉も「滅相も＋ない」ではなく、一つの言葉ですから「滅相もないことでございます」といいます。

なおざりにする・**おざなり**な返事

➡どちらも感心しないのは一緒ですけどね

「おざなり」と「なおざり」は混同しがちな言葉としてよくあげられますが、意味はだいぶ違います。「おざなり」は漢字で「御座なり」と書き、「当座をつくろう」という意味です。その場逃れのいい加減な言動で取りつくろうさまを表しています。つまり、適当にやることです。

これに対して、「なおざり」は「等閑」と書き、音読みでは「とうかん」です。「物事を軽く見て、いい加減に扱うこと」ですが、時には**そのまま放っておいて、手もつけないことも含まれます**。

「なおざり」にされるのも「おざなり」にされるのも、ご免こうむりたいものです。

放っておくなら「なおざり」、
いい加減なら「おざなり」です。

ちょっと前までは**鳴かず飛ばず**だった

⬇ぱっとしない意味で使われることが多い言葉

本来は、中国の故事から、「**将来の活躍にそなえて何もしないでじっと機会を待つこと**」が「鳴かず飛ばず」の意味なのです。ところが、現在では「長いこと何も活躍できない」の意味で軽蔑《けいべつ》するときに使うほうがずっと多いようです。というよりも、本来の意味を知っている人のほうが少ないだろうと思われます。豆知識として人に話すのはいいですが、後者の意味で使うほうが人にはよく伝わるでしょう。

流れに棹さすことが商売には必要だ

⬇一八〇度反対の意味で使う人ばかり

船頭《せんどう》さんが川で船を進めるときに、川底に棹《さお》をさして**勢いを増すこと**が「流れに棹さす」の意味です。機会をつかんで時流にのる、物事が順調にはかどることを表しています。

多くの人が間違いやすい「流れに逆らって進もうとする」というのではまるで違う意味になります。しかし、船頭さんが船を操るところをあまり見たことがない現代人にとって、そう思うのもしかたないかもしれません。実際を知らずに言葉だけが残っていくことの難しさを感じさせる言葉です。

ところで、夏目漱石の『草枕』にも、「智に働けば角が立つ。情に棹させば流される。意地を通せば窮屈だ。とかくに人の世は住みにくい」という有名な一節があります。情は大切なものですが、感情の流れに棹をさして勢いをつけすぎると、自分もその感情の流れに呑み込まれて、やっかいなことになるということですね。

議論が煮詰まってきたので

⬇「わかったつもり」でいることがいちばん危険

「煮詰《につ》まる」は、「議論や考えが出つくして結論を出す段階であること」です。つまり、順調に進んでいて、**もうすぐ結論が出そうな状態**です。

行き詰まることを
「煮詰まる」というのは誤用です。

ところが、これを「困難にぶつかって先に進めなくなる」という意味の「行き詰まる」と混同して使ってしまう場合があります。料理は煮詰めすぎると焦げついてしまいますから、そんな悪いイメージが頭をかすめるのかもしれませんが、あくまで「煮詰まる」はプラス方向の言葉です。話が食い違わないように正しく使いましょう。

ねじる・ひねる

⬇あやふやな使い方を一掃しよう

「ねじる」と「ひねる」。急に聞かれると、どう違うのかすぐには答えられなくないですか?

簡単にいうと、「ねじる」は**力を入れて回す**場合に使い、「ひねる」はあまり**力を入れずに指先などで回す**場合に使います。

また、「ひねる」には「頭をひねる」などの比喩《ひゆ》的な使い方がありますが、「ねじる」にはそうした使い方は多くありません。

のべつ幕なしに文句を言う

⬇**かしこい大人は含蓄のある表現ができる**

「述べる」の「のべ」に助動詞の「つ」がついたのが「のべつ」で、「絶え間なく続くさま」という意味です。「幕《まく》なし」は芝居の舞台で、話の区切りや場面が変わっても、幕を引かないで芝居を続けることで、**どちらも「絶え間なく」という意味の言葉**を重ねて強調したのが、「のべつ幕なし」です。

ところで、「隈なく探す」というときの「くまなく」と混じって、「のべつくまなしに」といってしまう人がいますが、ちょっと恥ずかしいですね。

破天荒な経営者

⬇**本来は、ほめ言葉なのだが……**

「破天荒《はてんこう》」というと、無茶苦茶なことや、常軌《じょうき》を逸《いっ》していることを意味すると思っている人が多いかもしれませんが、本来は**「今までできなかった**

「破天荒な人」というのは
豪快で大胆な人ではありません。

ことを初めて成し遂げること」です。

「天荒」というのは未開の荒れ地のことで、唐の時代に官吏《かんり》登用試験の合格者が一人も出ていなかった荊州《けいしゅう》という片田舎を「天荒」と呼んでいて、そこから初めて合格者が出たときに「破天荒」といったことから、この言葉ができました。

破や荒の字の印象が強いからか、豪快で大胆な様子と思っている人も多いようですが、そうではないので心得ておきましょう。

憎まれっ子世に**はばかる**

⬇うかつに言うと、笑われます

「**人に憎まれるような人間のほうが世の中ではのさばっている**」という意味ですが、ここで「はばかる」は「のさばる」の意味で使われています。しかし、「はばかる」はほとんどの場合、「人目をはばかる」のように「遠慮する、敬遠する」の意味で使われます。これが「はばかる」の本来の意味で、「のさばる」の意味になったのは「はびこる」と混同されることで生まれたといいます。この混同は徐々になくなっていったのですが、なぜか「憎まれっ子世にはばかる」だけは残ってしまいました。言葉って不思議ですね。

その意見は世の中に**波紋を広げた**

⬇よく見かけるオカシな日本語

影響を他に及ぼしていくことを「波は紋《もん》を広げる」といいますが、池に石を投げるとできるのが波紋です。ですから、よく耳にする「波紋を投じる」とか、「波紋を投げかける」という表現は、本来は**つじつまが合いません。**

反響を呼ぶような問題を投げかけることをいう「一石《いっせき》を投じる」という表現との混同からか、どうも石と波紋の密接な関係によって、間が省略されて、こういわれるようになったようです。

また「波紋を呼ぶ」の場合は、似た表現の「反響を呼ぶ」に影響されて生まれた言い方といわれています。これらの表現に違和感を持つ人もいますが、そうでない人のほうが多いので、今後はますます定着していくこと

「憎まれっ子世にはびこる」
ということわざはありません。

でしょう。

苦労が実って、喜びも**ひとしお**です

↓面白くてためになる漢字うんちく

いかにも「一塩」と書きそうですが、実は「**一入**」です。これはその昔、染め物をするときにさらに色を濃くする場合、染料に再び入れたことからきています。一度入れる場合は「一入」、二度入れる場合は「再入《ふたしお》」です。そのため、「一入」は「いっそう、ひときわ」の意味として今も使われています。

今から**参ります**・今から**伺います**

↓ビジネスシーンに不可欠な敬語

たとえば、仲間同士で店で飲んでいて、遅れてきた仲のいい友達を駅に迎えに行くときは、「おれが駅に迎えに行ってやるよ」と言ったりします。しかし、会社でお客

さまを迎えるときは「私が駅にお迎えに伺います」となります。これは、お客さまに敬意を表して、「伺う」を使っているのです。

一方で、部長と話をしていて、誰かを駅に迎えに行くとき、「私が駅に参ります」と言うと、この場合は**自分がへりくだることで部長に対して敬意を表す**ことになります。駅に来る誰かに向けて敬意を表しているのではなく、今話している相手に敬意を表しているわけです。

したがって、「私が娘の家に参ります」と誰かに言うことはあっても、「私が娘の家に伺います」というのは不自然な表現になります。娘に対して敬意を表す必要はありませんからね。

今度の日曜**まで**雨は降らない

⬇そのひと言がうっかりミスを招く

「課長は木曜日まで休みです」と言ったとき、「課長は木曜日は会社を休んでいる」と解釈する人と、「課長は木曜日には出社している」と解釈する人

「参る」というのは
「行く・くる」の謙譲語です。

がいます。木曜日まで休みととるのが普通ですがあいまいです。そのため、間違いを防ぐには、「**課長は水曜日まで休みで、木曜日から出社します**」などと付け加えるのがいいでしょう。

ビジネスでは日付の取り違えでトラブルになることも少なくありませんから、相手に明確に伝わるように心がけることが肝心です。

ピンチの投手を**もりたて**ようと、スタンドの大声援が響いた

⬇まわりの人を元気づける言葉を持っているか

「もりたてる」は「**守り立てる**」と書き、力を発揮できるように支援するという意味があります。例文では、ピンチに立った投手を大きな声援で力づけようとしているわけです。

一方、「試合を盛り上げようと、スタンドの大声援が響いた」という場合は、試合の雰囲気を高めようとして、観客が大きな声援を送っていることです。音が似ている言葉ですが、意味は違いますので、使い分けはしっかりしてください。

布団のなかから**やおら**起き出した

⬇似た響きの言葉と混同していませんか

「やおら起き出す」というと「急に起き出す」と思っている人がいますが、「やおら」は「**そろそろと、静かにゆっくりと**」の意味です。どうやら「いきなり、即座に」の意味の「やにわに」と混同してしまっているのでしょう。音がなんとなく似ていますが、反対の意味になるので注意してください。

「いきなり」というときは、
「やにわに」といいます。

第2章

品性を印象づける「絶妙な言い回し」

1 品のいい人と言われる言葉づかい

「人柄は言葉に表れる」とよくいわれます。どんなに社会的立場があっても、高級品を身につけていても、言葉づかいによって、その人の品性は端的に表れてしまうものなのです。

たしかに、同じことを伝えるにしても、ちょっとした言葉の選び方一つで、相手に与える印象は大きく変わってきます。ここでは、プライベートな場からオフィシャルな場まで、さまざまなシーンで「品のいい人」と思われるフレーズを集めてみました。

厚く御礼申し上げます・深くお詫び申し上げます

⬇社会人ならこれだけはマスターしたい

「深く御礼申し上げます」「厚くお詫《わ》び申し上げます」とはいいません。**御礼は厚くで、お詫びは深くです**。よく間違える人は、お詫びをするときには「心の深いところで反省し、深々と頭を下げる」と覚えるといいかもしれません。

「厚い」で表現する言葉には、御礼のほかに感謝、信頼、友情、信仰などがあり、「深い」で表現する言葉には、お詫びのほかに悲しみ、興味、愛情、印象などがあります。

お言葉に甘えて

⬇「ありがとうございます」は稚拙さ丸見え

相手の申し出に対して遠慮しないで受け入れるときに使う言いまわしが、「お言葉に甘えて」です。主に目上の人からの好意に対して、こう言うことで相手に配慮を示すのです。「ぜひ食事をしていってください」「では、せっかくですからお言葉に甘えて、いただいていきます」のように使います。

同様の言いまわしに、**「ご厚意に甘えて」「ご親切に甘えて」「お心づかいに甘えて」**などがあります。また、若い男性の場合、ストレートに「では遠慮なく」と切り出すのも悪くありません。

感謝、信頼、友情、信仰も
「厚く」を使います。

有体に申す

➡このひと言で、たちまち大人らしい表現に

「有体《ありてい》」は「ありのまま、うそ偽りのないこと」です。「有体に申せば」というと、「ありのままに言えば」の意味になり、**少し言いにくいことを言葉にするときに使う言いまわしです。**

「有体に申せば、少々融通していただきたい」といえば、借金の申し込み。「有体に申せば、私に無関係なことなのですが……」といったときの心の内の声は、「正直にいえば、私にはどうでもいいんですけど……」というくらいの意味になります。

仕事のあんばいはどう?

➡さりげなく相手の様子を尋ねるときに

「塩梅《あんばい》」はもともと「えんばい」と読み、料理の味を塩と梅酢で調えていたことから、味加減を「塩梅」というようになりました。また、別の言葉で「按排《あんばい》」という言葉が

あり、こちらは今と同じ「**ほどよく物事を処理すること、ほどよく物を並べること**」の意味で用いられていました。ところが、この二つの言葉は「えんばい」と「あんばい」で音が似ていたためにごっちゃにされて、「塩梅」も「あんばい」と読まれるようになりました。

このため厳密にいうと、塩梅を「ほどよくやる」の意味で使うのは誤りなのですが、現在は意味も混同されていて、按排と同じ意味で使うのも許容されています。ただし、料理の味付けに関しては塩梅を使うのがいいでしょう。

なお、「按排」には「案配」「按配」の字を当てるのも可です。

潔しとしない

⬇それはできない、と端的に表す言葉

自分自身がすることにおいて、自分の信念に照らし合わせて許せないこと、**自分の良心や誇りから受け入れにくいこと**を「潔《いさぎよ》しとしない」とい

「有体」というのは
「うそ偽りのないこと」です。

います。「他人の弱みにつけ込むのは潔しとしない」「このような悪い結果を受け入れるのは潔しとしないが、ここは我慢するしかない」などの使い方になります。

「潔い」には、思い切りがよいこと、未練がましいところがないこと、汚れがない、潔白であるなどの意味があります。

居ずまいをただす

⬇姿勢を直すと気持ちまで引き締まる

だらだらした姿勢をきちんと直すことを「居《い》ずまいをただす」といいますが、もともと「居ずまい」は座っている姿勢のこと。しかし、今は座っている姿勢を直すときに限らず、**だらだらとした気持ちをあらためるとき**にも用いられています。

「居ずまい」は「居住」あるいは「居住居」とも書きます。古くは、『枕草子』に「ゐずまひもかしこまりたるけしきにて」という記述があります。

一目置く

⬇誰もがその実力を認めていることを伝えるときに

相手の力量に**敬意を表し、一歩譲って接する**ことを「一目置く《いちもく》」といいます。「彼は本社でも一目置かれる存在だ」のように使います。

これは、囲碁の勝負で弱いほうから先に石を一つ置いて始めることに由来している言葉です。つまり、相手のほうが自分より強いことを認めて、まず先に自分が石を置くことから「一目置く」が、相手に敬意を表することになるわけです。囲碁のルールを知らない人にはまるでピンとこなくても、ほとんどの人が意味のわかる表現でしょう。

また、「一目置く」をさらに強めて、「一目も二目も置く」という言いまわしもあります。

「一目置く」というのは、
囲碁の勝負に由来する言葉です。

曰くつきの物件

↓よからぬ事情があることを伝えたいとき

「曰《いわ》く」は事情、わけのことで、「今回の人事異動の裏には、何か曰くがありそうだ」のように使います。「曰く言い難い」といえば、簡単には説明できないことです。

「曰くつき」は、何か特別な事情があることで、**特によくない評判や、こみいった事情を指すことが多い言葉**。家やアパートを借りたりするとき、周囲の物件よりもずっと安い金額で借りられるような場合は、前借り主がその部屋で自殺したり、なんらかの事故があったりすることがあります。こうした物件を「曰くつきの物件」といったりします。

うかつにもほどがある

↓大きなミスをしたときには使わないほうがいい

「うかつ」は「迂闊」と書きますが、どちらも常用漢字ではないので、平仮名のほうがわかりやすいでしょう。迂も闊も、どちらも「うとい」という意味で、「迂闊」は、うっかりしていて心が行き届かないことを意味します。

「うかつにも」は**「うっかりして」とほぼ同意**ですが、ビジネスシーンでよく使われる言葉です。「うかつにも見落としてしまいました」と言い訳しても、「うかつにもほどがあるだろう！」と責め立てられると返す言葉に窮《きゅう》する場合があります。この言葉も、ミスの大きさによっては使いづらい言葉ですね。

海千山千の事業家

↓「油断は禁物」を穏やかに伝えるには

海に千年、山に千年住んだヘビは竜に変わるという言い伝えから、**世の中の裏も表も知っている老獪《ろうかい》な人のこと**を「海千山千」といいます。どちらかというと、あまりいい意味ではなく、良いことも悪いことも知り尽くしていて抜け目なく振る舞う、したたかな人をイメージさせます。また、

ずる賢い人、したたかな人を
「海千山千」といいます。

「海千河千」という言葉もあって、この場合は海に千年、河に千年住めばヘビが竜に変わる、という言い伝えです。考え方は同じですが、山と河の違いはなんだかおもしろいですね。

臆面もない

↓無神経な態度を憂える言葉

「臆面《おくめん》」は、気後れした顔色や様子のことなので、「臆面もない」は、**遠慮した様子もなくずうずうしいこと**です。普通は申し訳なく思ったり、恥ずかしいと思ったりすることなのに、そうした素振りも見せずに行動している人のことをいうときに使います。

「賄賂《わいろ》をもらっていた政治家が臆面もなく、また立候補しているよ」などのように使い、厚かましいさまを表現するのにぴったりです。面《つら》の皮の厚いこと、恥知らずでずうずうしいことを意味する「厚顔《こうがん》」と「臆面もない」は同様の意味です。

お誘い合わせのうえ

↓参加を呼びかけるときの基本フレーズ

イベントや会合への案内文の常套句《じょうとうく》として使い勝手がいいのが、「お誘い合わせのうえ」というフレーズです。「**お一人だけでなく、友人、ご家族の方を誘っていらっしゃってください**」というメッセージが込められています。ほかにも「ふるってご参加ください」「お気軽にご参加ください」「みなさま、おそろいでおいでください」などの表現が考えられますが、案内文のちょっとした工夫次第で集客に役立つことがいろいろとありますから、知恵を絞って文章を考えるようにしましょう。

お裾分けする

↓いただきものを分けるときに添えたいひと言

人からもらったものの一部を別の人に分け与えることが「お裾分《すそわ》け」です。

「お裾分け」することを
「お福分け」ともいいます。

本来は目上の人から目下の人に品物を分け与えることでしたが、現在は目上から目下へ分け与えるという認識は薄れて使われています。

また、なぜ裾というかといえば、裾は衣服の末端の重要な部分ではないので、目下の人に分け与えるにはちょうどいいということのようです。

ちなみに、身分や地位の上下に関係なく、お祝いの品やもらい物を分け与えることを「お福分け」とか、「お福渡し」ということもあります。

お茶を濁すのがうまい

↓知っているふりをしないほうが、かえって信頼を得る

茶道をよく知らない人が、その場しのぎでお茶を濁《にご》らせて抹茶《まっちゃ》に見えるようにして飲んだことから、**いい加減にその場をごまかす、取りつくろう**という意味で使うのが「お茶を濁す」です。

詳しく知らない話を振られて、冷や汗をかきながら、冗談などを言って切り抜けることがよくありますが、時と場合によっては、知らないことは知らないとはっきり言ったほうが好印象を与えることもあります。逆に、知ったかぶりは嫌われる原因になりますから、「お茶を濁す」ときにはくれぐれも注意してください。

どうか**お手やわらかに**

⬇さりげなく「あなたのほうが力が上だ」というときは

相手の腕前のほうが上だとわかっているときに、**手加減してほしいとやんわりいう言い方**が「お手やわらかに」です。ただ、取り組みの前に交わす軽い挨拶なので、双方の腕前がわからなくてもお互いになんとなく言い合ったりします。

ビジネス上の交渉事を始める前にも、腹のさぐり合いのようにして「どうかお手やわらかにお願いします」と使うこともあります。また、何かの調査が入ったような場合、あまり厳しく調べないでくださいと冗談めかして言うときにも、この言葉を使います。

相手の腕前のほうが上のときは
「お手をやわらかに」といいます。

お供させていただきます

⬇上司を立てる気のきいた言いまわし

上司と一緒に取引先に出かけるとき、新入社員がひと言「お供させていただきます」と言えば、彼の印象もグッと上がります。上司の担当する用件であなたがついていくときだけでなく、**上司についてきてもらうときも**、「お供させていただきます」と言って、あくまで上司を立てるようにしましょう。組織における上下関係は非常に大切なものです。どんなときも上下関係を意識した言葉づかいを心がけるようにしましょう。

どうにも面映ゆい

⬇晴れがましくも気恥ずかしい心情

「面映《おもは》ゆい」は、**照れくさい、恥ずかしい、きまりが悪いこと**です。最近はめったに聞くことがありませんが、美しい日本語です。「面」は顔のことで、「映ゆい」は照り輝いてまぶしいことです。つまり、照れくさいような出来事があって顔がほてることが「面映ゆい」なのです。

「人前でほめられると、私はどうにも面映ゆい気持ちになるタイプなのです」のように使います。意味を知らないと、どういう気持ちになっているのかさっぱり想像がつかないかもしれませんね。こういう言葉を周囲の状況から浮かないで上手に使えるようになりたいものです。

入賞できれば御の字だ

↓「御」をつけたくなるほどありがたいこと

サッカーでひいきのチームの負け試合を観ながら、「このメンバーで一点取れれば御《おん》の字だよ」などというときがあります。この場合、「満足してはいないけれど、まあまあ納得できる」でしょうか、それとも「非常に満足している」のどちらでしょう？　答えは後者なのですが、意外と前者と答える人が多くいます。

「御の字」は、**最上のもの、極上のもの、けっこうなもの**という意味です。

「面映ゆい」にはうれしい反面、
きまり悪い気持ちも込められています。

「一週間かかると思っていた仕事が五日で終わったのだから御の字だ」といえば、「予定より二日も早く終わったんだから十分な結果だ」という気持ちを表しています。

決して合格点、最低ラインという意味ではないのですが、その意味で使っている人が多い現状を考えると、一概に「その使い方、間違っています！」と厳しく指摘していいものかどうか悩みどころです。

かりそめにも

そろそろ使ってみたい大人にふさわしい日本語

あとに打ち消しの言葉がつく場合は、「決して」の意味になり、「かりそめにも法を破ってはいけない」のように使います。

「かりそめにもこの法律に反する者があれば罰せられる」のときは、わずかでも、いささかでもの意味です。また、「かりそめにも警察官という立場である以上、法を犯すわけにはいかない」は、いやしくもという意味で使われています。ただ、三者とも「仮にも」という言葉を当てはめれば、十分に意味はとれるでしょう。

なお、「かりそめ」だけで使う場合は、その場限りという意味になり、「かりそめの恋」「かりそめの宿」などの使い方になります。

気散じに

⬇気の向くままに時間を過ごしてくること

「気散《きさん》じ」は、心の憂さをまぎらすことで、気晴らしや、憂さ晴らしとほとんど同じ意味です。ただ**気晴らしよりも、さらに生産性のないムダなことの意味合いが強い**ようです。

もともと「散ず」という言葉があり、これだけで「気が晴れる」の意味でしたが、やがて「気散じ」と名詞化しました。気楽、のんきという意味もあり、「気散じ者」で、のんき者、気苦労のない楽天的な人間という使い方もあります。また、「気放じ」という言葉もあり、これも気晴らし、気慰めの意味で、同じような使い方をします。

「御の字」という言葉を使うのは
とても満足しているときです。

末席を汚す

↓こんな言いまわしができれば、ぐっと好印象

ある集まりや仲間に加わることをへりくだっていうのが、「末席を汚す」です。自分よりも目上の人たちが多い集まりのなかで、**自分が最下位の座席、下座に座ることもはばかられる立場である**ことから、このようにいいます。その集まりのなかで、どう考えても自分のほうが立場が上である場合は、この言いまわしはふさわしくありません。

なお、「汚す」は「よごす」ではなく、「けがす」とするのが正しい読み方なので注意しましょう。

香ばしいニオイ

↓感じたままいうのはまずいから……

「香《こう》ばしい」は「かぐわしい」から転じた言葉で、「香りがよい」ことを表していますが、**具体的にこういう匂いだとはいっていません。**ただ「こんがり焦《こ》げた、よい匂い」と載っている辞書もあり、多くの人の感覚もこれに近いものがあります。

しかし最近では、ちょっと嫌な匂いを感じたときに、遠回しに「香ばしいニオイがしてきた」などと、否定的な意味合いで使うこともあり、空気を読むことが求められます。

口福

⬇美味しい食事を口にしたときの満足感を伝える

最近、幸福にかけて、**美《お》味《い》しいものを食べて幸せな気持ちになること**を「口福《こうふく》」ということがあります。ただし、中国語にも「口福」という言葉があり、美味しいものにありつける幸せをユーモラスに表現している言葉です。

また、「眼福《がんぷく》」という言葉もあって、これは美しい景色などを見たときの

「末席を汚す」というときには
「汚す」を「けがす」と読みます。

幸せを表しています。

日本語では、口、眼、耳を使って幸せを感じる言葉はあまりありません。しいていえば、「目の保養」「目の正月」くらいです。

御多分に洩れず

↓このひと言が、頭のよさを印象づける

「多分《たぶん》」は「大部分、大多数」のことなので、大多数から洩《も》れることなくという意味から、**大部分の人と同じように、大多数の人と同様に、例外ではなく**という意味で使うのが「御《ご》多分に洩れず」です。「御多分に洩れず、この町も老人が増えてきた」のように使います。また、予想どおりという使い方もあり、「御多分に洩れず、今年もわがチームは最下位だった」のように使います。

なお、御多聞・御他聞はどちらも誤字です。

○○三昧

↓ひとつのことに没頭していることをいう

一心不乱に事をするさま、むやみやたらにするさまを「三昧《ざんまい》」といいます。**もともと仏教用語で、一つのことに集中している状態のこと**をいいました。「読書三昧」「贅沢《ぜいたく》三昧」などは昔から使われていますが、「スキー三昧」「ラーメン三昧」など、いろんな言葉につけることが可能です。

したり顔で話す

↓使うべき人、使ってはいけない人とは

思いどおりになって得意そうな顔つきをすることを「したり顔」といいます。「したり顔」は、「為したり」の「したり」で、「やり遂げた、成功した」の意味です。つまり、何かをやり遂げたときに得意顔をしていることで、してやったりという喜びを表す表情です。今でいう**「どや顔」と同じよう**

「ごたぶん」を「御他聞・御多聞」と書くのは誤りです。

なものですね。

したがって、「歴史の裏側をしたり顔で話す」などのように、知ったかぶりや、よく知っていることを自慢げにしている顔と思っている人がいたら、それは誤りです。

見るに忍びない

↓深い心情を寄せる、こんな言葉が効果的

「忍《しの》」には「我慢する、じっと堪える」の意味がありますから、「忍びない」は**「我慢できない、耐えられない」の意味**です。「見るに忍びない」といえば「あまりにも気の毒で見るに耐えない」という意味ですし、「却下するには忍びない提案」といえば「却下するのは耐えられないほどいい案」というような意味合いになります。

もっとも後者のような場合は、提案を却下するときの言い訳に使われる言葉で、結局のところ採用されないことが多いですね。

仄聞するところによれば
⬇時にはこんなクレバーな言葉づかいが効果的

「仄聞《そくぶん》」とは、ほのかに聞くこと、人づてにちょっと聞くこと、噂に聞くことという意味です。読み方も難しいし、めったに見たり聞いたりすることがない言葉ではないでしょうか。

特にこうした場合に使うべきという言葉ではなく、他の言葉で言い換えが可能なので、最近はあまり使われないのだと思われます。**「噂話ですけど」と言っても、まったくニュアンスは変わりません。**

とはいっても、何かしらもったいぶった感じはしますから、使う場面によっては効果を発揮するかもしれません。また教養として覚えておいて損はありません。

「知ったかぶりの表情」のことを
「したり顔」とはいいません。

つかぬことをうかがいますが

⬇会話の途中でたずねたいことが出てきたときに

「つかぬこと」の「つかぬ」は「付かぬ」で、**それまでの話とは関係ないこと、だしぬけのこと**を意味します。「付く」は、さまざまな意味がある言葉ですが、この場合は「付随する」という意味合いになり、「つかぬ」は「付随しない」↓「関係しない」という意味になります。

最近は、「つまらないこと」の意味で「つかぬこと」を使う人も増えていて、「話の本筋には関係ないちょっとしたこと」ととらえられているようです。大きく間違いとはいえませんが、正しい使い方は心得ておきましょう。

つつがない

⬇手紙の書き出しなどに使える言葉

「三周年記念のイベントはつつがなく終わりました」などの言い方は、いろいろなときに使われます。「つつがなく終わる」は、無事に終わるという意味ですが、「つつが」とは何のことでしょうか。

実は**「つつが」は病気や災難のこと**。漢字では「恙」と書きます。このことから「つつがない」は、異常がない、無事であるとの意味になります。聖徳太子が中国隋の皇帝に宛《あ》てたとされる国書でも、「日出ヅル処ノ天子、書ヲ日没スル処ノ天子ニ致ス、ツツガナキヤ」とあって、当時から「つつがない」は使われている言葉でした。

衒いがない

⬇洗練された大人のほめ方

「彼の言葉には衒《てら》いがない」というときの「衒い」は、ときどき聞く言葉ですね。でも、意外と「衒いがない」の意味はつかみにくいものです。「衒い」は、ひけらかすという意味ですので、「衒いがない」は、「**ひけらかすことのない**」になります。

平穏無事であることを
「つつがない」といいます。

しかし、これだとちょっとわかりづらいですね。「飾らない」という程度の意味にとったほうがわかりやすいでしょう。「衒いのない文章」で、飾らない文章、つまりシンプルな表現で、自分の書きたいことを書いている文章ととらえるといいでしょう。わかった気になっていて、実はよくわからない言葉って意外とありますよね。

生半可なことを口にする

⬇「中途半端でいい加減な人」という代わりに

「半可」は、**よく知らないのに知ったかぶりする人を表す**「半可通《はんかつう》」の「通」が省略された言葉で、「中途半端なこと」を表します。

「生半可《なまはんか》」は、江戸時代に流行や遊里の習慣などに通じていて、よく知っているように振る舞う人をあざけるときに使われ始めました。

「生」は、未熟なことや不十分なことを指す「なま」で、「生意気」や「生煮え」と同じ使い方であり、「半可」をさらに強調しています。

にべもなく断られた

↓とりつくシマもないような態度を表す

愛想がなく、そっけないことを「にべもない」といいますが、「にべ」とは何のことかご存じですか？

実は、スズキ目ニベ科の海水魚の名前なのです。このニベの浮き袋は粘着力が強く、接着剤の原料として使われていたことがあり、「にかわ」と呼ばれていたのが、これです。このことから、人との親密度の強さを意味するようになり、無愛想なことを「にべもない」というようになりました。

男女関係でもよく使われ、「彼女を食事に誘ったのに、にべもなく断られたよ」のように使います。そこであっさりあきらめるのがいいのか、再度アタックするのがいいのかは、あなたの腕次第ですね。

ひどく無愛想なことを
「にべもない」といいます。

ねんごろなおもてなし

➡ネガティブな言葉ではないので、勘違いしないこと

「ねんごろ」という言葉も最近はあまり聞かない言葉になりました。漢字では「懇ろ」。音の響きがよくなくて、少々ネガティブなイメージがあるからではないでしょうか。

しかし、実際は、**真心をもってするさま、心づかいの細やかなこと、親切、丁寧、念入りにするさま**など、いい意味がとても多い言葉です。

また、男女間の仲が親密になることも「ねんごろになる」といいますが、これも本来は悪い意味ではありません。ただ、この言葉を使うとなぜか不倫関係のようなよからぬ関係を想像する人が多いようです。

「ねんごろ」の「ね」は根のことで、それがからみつくように親密になることからできた言葉です。

不束者ですが、よろしくお願いします

➡謙虚な気持ちを伝えるときに知っておきたいひと言

「不束者《ふつつかもの》」とは「**気の利かない人、行き届かない人、嗜《たしな》みのない人**」のこと。「不束」は当て字で、古くは「太くて丈夫なこと」を表す「太束《ふとつか》」がもともとのかたちでした。

ところが、平安時代になると優美で繊細なことがもてはやされるようになり、太いことを表す「不束」はやぼったいものという意味に変わっていき、さらに時代が下ると、今のような悪い意味へと転化していきました。とはいっても、「不束者」は謙遜《けんそん》の気持ちを込めて言っていますから、言葉どおりに受け取ってはいけません。

真心を込めてする様子を
「ねんごろ」といいます。

不手際のないように

↓「大人な言葉づかい」の基本のキ

「手際《てぎわ》」は、物事の処理の仕方や、腕前、技量のことなので、「不手際」は手際の悪いこと、やり方や出来が悪いことを意味します。

「不手際のないよう」は、**目上の人から指示されるときによく使われます**。「お客様に対して不手際のないように行動しろ」「この計画に不手際は許されない」などのように使います。

また、「今後はこのような不手際がないように注意します」といえば謝罪の代表的な言葉です。ただし、この場合は、小さなミスを謝るときで、大変に大きな失敗を「不手際」で済まそうとするのは無理があります。「不手際なんていうものじゃないだろう！」と相手を逆に怒らせることにもなりかねませんから、くれぐれも注意してください。

分をわきまえる

➡こんな姿勢が好感を持たれる

自分の身のほどを知って出すぎたまねをしないことを「分《ぶん》をわきまえる」といいます。「分をわきまえろ！」といえば、「でしゃばるな！」という意味です。

「分」は、**その人の持っている身分や能力のこと**。同様の意味に、「身のほどを知る」「身の丈《たけ》に合わせる」「立場をわきまえる」「背伸びしない」「分相応」などがあります。

「わきまえる」は、物事の道理を知っている、心得ている、物事の違いを見分けるなどの意味があります。「場所柄《がら》をわきまえる」「礼儀をわきまえる」「善悪をわきまえる」などの使い方があります。

その人の身分や能力にふさわしくないことを「分不相応」といいます。

身ぎれいにする

⬇ファッション以外のものを形容するときにも

身なりや身のまわりがこざっぱりしていることが「身ぎれい」です。ただ、直接的に服装のことを言うよりも、**他人にとやかく言われるような、やましいことをしていないという意味**で「身ぎれい」を使うことも多そうです。

「業者との癒着《ゆちゃく》を疑われないように常に身ぎれいに行動しろよ」とか、「結婚式も近いんだから、そろそろ身ぎれいにしたほうがいいぞ」などと使われます。前者は仕事上でやましいことのないように、後者は男女関係でやましいことのないようにしろ、というような意味になります。

政治家やタレントなどの有名人は、いろいろな意味で「身ぎれい」にすることを常に求められますが、それを忘れてしまう人がちょくちょくいますね。

冥利に尽きる

⬇これ以上の幸せはない、をズバリ伝える

「冥利《みょうり》」は「神仏によって知らず知らずのうちに与えられる利益のこと」で、転じて「**ある立場や境遇で自然に受ける恩恵や幸福のこと**」を指します。「冥利に尽きる」は「その立場やその仕事をする者にとって、これ以上の幸せはない」という意味です。

ビジネスシーンでもよく使われる言い方で、「この素晴らしい建物の計画に関われたことは、建築家冥利に尽きます」「君たちのような優秀な学生を輩出《はいしゅつ》することができたのは、まさに教師冥利に尽きることです」などと使います。

バチがあたることを
「冥利が悪い」といいます。

目の保養をする

⬇ふだんあまり見る機会のないよいものを目にしたとき

よいものを見て楽しく感じることを「目の保養《ほよう》」といいます。最近は、あまり聞かないものの、**「目の正月」**という言葉もあります。

美しい景色や美しい芸術品を見たときにも使いますが、男性が美しい女性を見たときに「目の保養をした」と使うことも多いでしょう。この場合、あくまで楽しむのは目だけで、それ以上に発展する場合はめったにありません。女性の場合は、実際には買えないけれど、流行のファッションアイテムやアクセサリーなどを目で見て楽しむウインドウショッピングは重要な「目の保養」なのでしょう。

いわずもがな

⬇あえて言葉に出すのははばかられるとき

「いわずもがな」には、二つの意味があります。一つは「言う必要のないこと、むしろ**言わないほうがいいこと**」で、もう一つは「言うまでもないこと、**もちろん**」の意味です。

前者の例としては「怒られているときに、いわずもがなのことを言って、さらに火に油を注いでしまった」、後者の例では「大人はいわずもがな、子どもだって知っていること」などの使い方です。

「もがな」は古語で「〜があったらなあ、〜があればいいなあ」の意味。したがって、「いわず＋もがな」となり、「言わないでいてくれたらなあ」という意味になるわけです。

もったいないお言葉

⬇相手に知性を印象づける「ありがとう」の伝え方

目上の人からほめられたり、**ねぎらいの言葉をかけられたりしたときに返す言葉**が「もったいないお言葉」です。「ありがたいお言葉」と言い換え可能です。これがなじみの取引先からほめ言葉をいわれたような場合

「もったいない」の丁寧語は
「もったいないことでございます」。

は、「そんなにおだてないでください」とか、「今回はたまたま運がよかっただけです」という程度に返すほうがいいでしょう。

ビジネスの場合は堅苦しさだけだと、かえってうまく運ばないこともあります。適度な気安さやボケが相手との距離を近づけることもありますから、大げさな表現はほどほどにしたほうがいいかもしれません。

手伝うのは**やぶさかでない**

⬇引き受ける気満々なのに、誤解が生じることも……

「やぶさか」は「思い切りの悪いさま、ためらうこと、もの惜しみするさま、けちなこと」です。したがって、「やぶさかでない」は**「～する努力を惜しまない、喜んでする」の意味**になります。

これも間違って理解している人が多い言葉で、「場合によってはやってもいい、しかたなくする」ととらえている人のほうが多いという調査もあります。進んでやるのと嫌々やるのでは正反対になりますから、使用するときに注意が必要な言葉です。

間違った意味で理解している人に向かって、「お手伝いするのはやぶさかではありません」といったら、「嫌々やるなら、手伝ってもらわなくてけっこう！」などと、相手がヘソを曲げてしまうかもしれませんから、慎重に使ってください。

「やぶさかでない」というのは
「仕方なくする」ではありません。

2 カドが立たないじょうずな言い方

相手の意見に反論をとなえるのは難しいものです。とくに相手が上司や年長者の場合なら、なおさらです。たとえあなたの意見が正しいとしても、感情的な言葉をぶつけたり、真っ向から否定する言い方をすれば、相手は気分のいいものではありません。

無用な対立や摩擦《まさつ》を避けるためにも、常識をわきまえた、頭のいい話し方のコツがあります。ここでは、話の切り出し方から、お詫《わ》び、頼み事、断り方まで、相手を刺激せず、心にやわらかく響く言葉づかいを集めてみました。

異存はございません

⬇目上の人への感じのいい「YES」

「あなたの意見に賛成です。ほかに何も意見はありません」というときに使うのが、「異存《いぞん》はございません」です。いわば**全面降伏を表明して、白旗を揚げた状態**です。「存」

には「存じます」で使われているように「思う、心得る」という意味があるので、「異存」は反対意見や不服に思う気持ちのことを指します。基本的に目下の人が目上の人にいう敬語表現です。

「異存はありません」に似た言葉に「異論はありません」や「異議はありません」があります。どれも「反対はありません」の意味ですが、ビジネスで使う場合は「異存」が一番しっくりくるようです。

お引き受けいたしかねます

⬇困ったお客様へ「NO」を言うとき

頼まれたことなどでできないことを遠回しにいう謙譲語です。ぴしゃりと拒否するのではなく、やんわりと断るときに使います。「できかねます」よりさらに丁寧な言い方です。**お客様商売では、ストレートに「できない」とは言わないのが原則**ですので、婉曲《えんきょく》に断る言い方としてマスターしておきましょう。

「いたしかねます」のほうが
「できかねます」より丁寧です。

お客様の無理な要望を受けたときに、「大変申し訳ございませんが、チケットの変更はいたしかねます」のように受け答えします。ただし、「いたしかねます」は、できるのか、できないのか、どっちつかずの印象を与える場合がありますので、使い方には注意しましょう。

たしかに一理ありますね

⬇真っ向から否定せず、この前置きを

相手の話を聞いて、おおかた道理にかなっているときや、一応理屈が通っているときに、「たしかに一理《いちり》ありますね」と**いったん話を受けるために使います。**

ただし、一理あるからといって、相手の提案などを受け入れるかどうかはわかりません。一理あっても、提案をはねつける場合もあります。相手をまったく拒否するよりも、相手の主張を受け入れて、相手を立てることで交渉をしやすくできる場合もあります。交渉成功のテクニックとして覚えておきたい言葉です。

うがった見方をすれば

➡こう断っておけば、相手に悪感情を持たれない

「うがった見方をする」は「疑ってかかるような見方をする」と思っている人が多いようですが、本来の意味は違います。

「うがった」は「穿《うが》つ」という動詞の活用形です。「うがつ」は「穴を掘る、突き抜く」の意味があって、そこから「物事を深く掘り下げること」というプラスイメージのある言葉です。したがって、「うがった見方」は「**物事の本質をとらえようとする鋭い見方**」の意味が正しい使い方です。

しかし一方で、「詮索《せんさく》する」という意味にもつながり、「深読みしすぎる」という意味合いもあって、そのため「疑ってかかる」という意味にもつながっているようです。

「うがったことをお尋ねするようですが……」といえば、「立ち入ったことまで聞きますが……」というような意味になります。

疑ってかかるような見方のことを
「うがった見方」とはいいません。

お聞きおよびのこととは存じますが

⬇あまりよくない話を切り出すときに

すでに相手の耳に入っていると思われることを話すときに使う言い方です。「すでにお聞きおよびのこととは存じますが、先月の売上不振には中国経済の悪化が大きく影響しております」のように使います。この言葉を使って話を切り出すと、言いにくいことも意外とスムーズに話せる場合もあります。

逆に、相手の事情を知っている場合は、「御社のご事情は推察《すいさつ》申し上げておりますが」と切り出すといいでしょう。

お気を悪くなさらないでください

⬇後々まで恨まれないためにこのひと言を

うっかりホンネが見えてしまうような言動があったようなときや、**言いにくいことを言うとき**など、相手に配慮して、「お気を悪くなさらないでください」と使います。

「部長もああは言っていますが、悪気はありませんので、お気を悪くなさらないでください」とか、「今日は私もホンネで話しますが、お気を悪くなさらないでください」などのように使います。

相手の気を悪くさせるようなことはしなければいいのですが、ビジネスの場合は、どうしても耳にやさしいことばかりは言っていられません。そんなときはぜひ、この言葉を上手に使ってください。

お汲みとりください

⬇**やむにやまれぬ事情があることを表すとき**

自分の考えや行動の理由・目的を相手にわかってほしいときに使う言い方です。**はっきりと理由などを口に出すのがはばかられるようなとき**に使います。

「弊社の事情をお汲《く》みとりいただければ幸いでございます」と取引先からいわれれば、「ははあ、今期の売上が悪いので、ここで少しでも挽回《ばんかい》しておきたいんだな」などと心のなかで思いをめぐらせるわけです。

もともと「汲む」は液体をすくい上げることです。したがって「汲みとる」も、気持ちをすくい上げると理解するといいでしょう。最近は、自分のことばかりで余裕がなく、相手の気持ちを考えられない人が増えています。「相手の気持ちを汲みとれるような社会人になれ」というアドバイスも時には必要でしょう。

私が言うのも**おこがましい**ですが

⬇謙虚な思いをイヤミなく伝えたいとき

「このようなお願いをするのは誠におこがましいのですが……」と切り出して、お願い事をする場合がありますね。このときの「おこがましい」は、**身のほど知らず**という意味です。「私のようなものが、あなたにこんなお願いをするのは大それたことですが……」という程度の意味です。

その昔、「ばかげていること、おろかなさま」を「おこ（をこ）」といい、これに接尾語の「がまし」がついて、「お（を）こがまし」となりました。「がまし」は「未練がましい」などと同じ使い方で、「～らしい、～のきらいがある」の意味です。ここから「おこがまし」は「ばからしい、まがぬけている」の意味となり、そうしたことをする人たちを見て、「身のほど知らずだ、さしでがましい」という意味で使われるようになりました。

「おまえのような新人が、先輩に意見するなんて、おこがましいぞ！」と人に向けていう場合は、あざけりの言葉になるので注意してください。

お言葉を返すようですが

⬇反対意見を言うときのちょっとした配慮

続編も作られた人気テレビドラマ「花咲舞《はなさきまい》が黙ってない」で、主人公の女性銀行員・花咲舞が使う決めゼリフとしても有名になった言いまわしですが、相手の意見に対して反対の意見を唱えるときに使います。

いきなり反対意見を述べ始めるよりも、**ワンクッションおくことで、お互いに冷静になれる効果があります。**しかも、第三者から見ると、「相手

さしでがましいことを
「おこがましい」といいます。

の意見を理解したうえで、自分の主張をしっかりと繰り広げようとしているな」と思われて、評価が上がる言いまわしです。

しょっちゅう使うと、相手にイラッとされますから、決めどころで使うようにしましょう。同調を好む日本人の感覚からすると、あまり好まれない表現かもしれません。

お使いだてして申し訳ありませんが・お手をわずらわせて恐縮ですが

⬇ぶしつけな行為だからこそ恐縮した気持ちを

人にものを頼むときにも、その頼み方で、相手が気持ちよく引き受けてくれる場合もあれば、むくれてやってくれなくなることもあります。

部下に頼むときにも、「ちょっと行ってきてくれ」とぞんざいに言うよりも、「使いだてしてすまないが、ちょっと行ってきてくれるか」と言ったほうが、**部下にしても気持ちよく行けるものです。**

「使いだて」は目上の人にも、目下の人にも使え、目上の人に使う場合は、「お使いだてして申し訳ありませんが、社長に伝言をお願いいたします」のように使います。

「お手をわずらわせて恐縮ですが」のほうは、基本的に目上の人にものを頼む言い方になります。

お手すきの折にでも

⬇相手の都合に気を配った言いまわし

「手すき」は、手がすいているとき、つまり**仕事がなくて、ひまなとき**のことです。

「お手すきの折にでも」は、「ひまなときにでも」というのを丁寧にいう言い方。そのほかの言い方では、「お手すきのときでけっこうですので」「お時間があるとき」「手があいたときにでも」などにも言い換えられます。

「お暇なときに」というのは、相手は暇な時間があるはずという前提になり、失礼。

本日は**お日柄もよく**、心よりお祝い申し上げます

➡主賓としての品格を高められる決め言葉

「お日柄《ひがら》もよく」は、結婚式などの祝辞でよく使われるフレーズとして知られていますが、天候とは関係ないので、雨の日に使っても問題ありません。

基本的には、大安《たいあん》・友引《ともびき》・先負《せんぶ》・先勝《せんしょう》・赤口《しゃっこう》・仏滅《ぶつめつ》の六曜《ろくよう》と呼ばれるなかで、**大安などの縁起のいい日**を「お日柄のいい日」といいます。

一日中、縁起がよくない仏滅の日には、本来この言葉はふさわしくありませんが、最近はあくまで挨拶の言葉の一つととらえる向きもあり、仏滅を気にせずに行う結婚式では使われることがあります。

お含みおきください

➡相手に念を押すときの品のいいフレーズ

相手に事情を理解してもらいたいために、心に留めておいてほしいときに使うのが、

この言い方です。「この契約はお支払いが済みましたところで、正式に発効となりますので、その点をお含みおきください」のように使います。

この言いまわしは、非常に丁寧に言っている反面、相手に念を押すニュアンスがありますから**意外に効き目のある言い方**です。一方で、使い方によっては押しつけがましく、裏を感じさせる言い方にも聞こえますから注意が必要です。

折り入って相談事があります

⬇どうしても聞き届けてもらいたいときに

相手を深く信頼していると示しながら、頼み事や相談事をするときに、話を切り出す言いまわしがこれ。「あなたを男と見込んで、折り入って相談事があります」なんて言われると、どんな話でも断りにくいですよね。

「折り入って」は動詞の「折りいる」が元の形。「折りいる」には深く心を込めるという意味があるので、**信頼する人に大切な頼み事やお願い事を**

「お日柄もよく」というのは、
天候はいっさい関係ありません。

するときに「折り入って」と使うわけです。

どうしても頼みたいときに使う同様の言いまわしに、「ぜひとも」「ぜがひでも」「無理を承知で」などがあります。

お詫びの言葉もございません

⬇最上級のお詫びの言葉

お詫《わ》びを言うのにお詫びの言葉がないというのは妙ですが、「**言葉では言い尽くせないくらい申し訳なく思っています**」という意味です。

普通は、「申し訳ありませんでした」「心からお詫び申し上げます」などで済むと思いますが、取り返しのつかないようなミスをしたときには「お詫びの言葉もございません」を使いましょう。もちろん、言葉だけでなく、対処の方法をあわせて考えておくことが必要です。

お心づかいは**かたじけない**のですが

➡日本人なら身につけたい感謝の意を伝える言葉

最近の日常会話ではめったに使われませんが、「かたじけない」は、**「ありがたい、もったいない、恐れ多い」という意味**です。「かたじけない」は、「もったいない」と同じように一つの言葉で、「かたじけ＋ない」には分けられません。

「お心づかいはかたじけないのですが」というと、「お心づかいはありがたいのですが」という意味になり、現代でもギリギリ使えるかもしれませんが、使う場面によってはギャグにとられかねません。仲間うちで「拙者《せっしゃ》もかたじけなく思っている」とまで使えば笑いを取れるかもしれませんが、合コンで女子に向けて使うとおそらく引かれることでしょう。

相手に大きな負担をかけるお願いには「折り入って」を使います。

ご教示を賜りたく存じます

⬇教えてほしいときの最上級に丁寧な言い方

教えてほしいということをへりくだって丁寧にいう言い方が、「ご教示《きょうじ》を賜《たまわ》りたく存じます」です。「ご教授《きょうじゅ》を〜」と使う場合もありますが、**ビジネスシーンや一般的な会話では「ご教示」のほうが正しい**といえるでしょう。「ご教授」は、学問や技芸を教えることなので、一般的に何かを教えてほしいというときは、「ご教示」がふさわしい言い方です。

「賜る」は謙譲語で、目上の人からもらうこと、「存じます」も謙譲語で、自分が思うことで、最上級に丁寧な言い方といえるでしょう。かなり堅苦しい言い方なので、場面を考えて使うようにしましょう。

ご善処いただく

➡ビジネスにふさわしい上品な言いまわし

「善処《ぜんしょ》」は、物事をうまく処置すること、適切に処置することです。「ご善処いただく」は**「なんとかしてください」を丁寧にいう言い方**といっていいでしょう。

一方で政治家やお役人などが「善処します」と言うと、「ああ、きっと何もしないんだろうな」と暗黙のうちにネガティブにとらえられるのが普通です。「ご善処いただきたくお願いいたします」「わかりました。善処いたします」という会話は、おおむねかみ合っていないと思ってもいいでしょう。

ご放念ください

➡相手の申し出を受け入れられないとき

「心にかけないこと、心配しないこと」を「放念《ほうねん》」といいます。「ご放念く

ビジネス会話では「ご教授」より「ご教示」がよく使われます。

ださい」といえば、**「気にしないでください」の丁寧な表現**です。

ビジネスシーンでは、たとえば大切な取引相手に間違ったメールを出してしまったときに、「先日の件はご放念ください」といって、「先日の件はお忘れください」という意味で使うことがあります。形式ばった表現ですので、主に手紙などの文書で使うことが多いでしょう。

ご無理を承知で

⬇これなら先方の「やる気」を引き出せる

頼みにくい依頼をするときに使うのが、この言葉です。「ご無理を承知で、このようなお願いをしに参りました」のように使います。「ご無理」は相手にとって無理なことなので尊敬語として「ご」をつけていて、**「承知」は無理なことを知っている自分に向けての謙譲語**です。

「誠に言いにくいお願いなのですが」「大変勝手ではございますが」「このようなお願いをするのははなはだ心苦しいのですが」など、可能な言い換えがいろいろありますので、バリエーションを覚えておきましょう。

ご猶予いただく

⬇ふだんより丁寧な言葉づかいを

「猶予《ゆうよ》」は、実行の日時を先延ばしにすることで、「ご猶予をいただく」は、**締切りや納期を延ばしてほしいときに使う**常套句《じょうとうく》です。先延ばしをお願いするときに使うのですから、当然、丁寧な言い方になります。文書で使うことが多いですが、口頭で言ってもヘンではありません。

なお、「一刻も猶予ならない」と使うときの「猶予」は、「ぐずぐずして物事を決めないこと」を表し、少し意味の違いがあります。

また、「猶予う」で「いざよう」と読み、「進もうとしてなかなか進めないこと、進まないで止まりがちになること」の意味になります。

「気になさらないでください」は、
「ご放念ください」ともいいます。

今回の件に関しては私も内心**じくじたる**思いがございます

⬇自分の言動を心底恥じる思いを伝えるには

日常的に使うことはあまりありませんし、漢字で書くのも難しい言葉ですね。

「じくじ」は「忸怩」と書き、自分の至らなさや失敗を深く恥じ入る気持ちのこと。忸も怩も「恥じる」の意味があります。どうにかしたいと思っていても、どうにもできなかったときの気持ちを表します。ですから、**ただ腹立たしいとか、残念だという気持ちを表すときに使うのは適当ではありません。**

不祥事《ふしょうじ》などがあったときに、政治家や会社経営者が会見で言うことがありますが、若い人にはなんとなくしか伝わりませんから、使う場面を選んだほうがいいでしょう。

ちなみに、政治家などがよく口にする「遺憾《いかん》に思います」は、「残念に思う」だけで、謝罪の意味は含まれないことも頭に入れておきましょう。

もう、**十分**いただきました

↓「もう、けっこうです」では品性が疑われる

料理を勧められて、**もうお腹がいっぱいのとき、あるいはそろそろ切り上げたいと思っているとき**は、「もう、十分いただきました」と答えましょう。

食事に招いたほうは、とにかくお客様に満腹になってもらわないと招いた意味がないと考えますから、さらに食事を勧めようとするものです。そんなときには、「もうお腹いっぱいです」では直接的すぎるので、このように答えるのが社会人としては合格点です。

僭越ながら、ご挨拶させていただきます

↓スピーチをソツなくこなすために

「僭越《せんえつ》ながら」は、人前で話をするときの常套句《じょうとうく》で、「**身のほどをわきま**

残念に思うだけなら、
「忸怩たる思い」とは言いません。

えずに差し出がましいことですが」というような意味です。話の初めに、この言葉を使うと、謙虚な態度と思われるのです。ただ、そう考えるよりも、お決まりの言葉という程度に考えたほうが使い勝手がいいでしょう。

また、話の最後に「挨拶に代えさせていただきます」といいますが、これは「本来ならばきちんとした挨拶をしなければなりませんが、私にはうまくできませんので……」という謙遜《けんそん》した気持ちを表しているのです。これもお決まりの文句と考えたほうがいいでしょう。

決して他意はない

⬇相手の様子がおかしいときにはこの言いまわしを

「他意《たい》」は心のなかに隠している別の考えのことで、特に相手に対する悪意を指すことが多い言葉。したがって、「他意はない」は「自分の言動に裏の意味や別の意味はない」ということを意味します。「他意」を「他の意味」とだけ理解すると、少し違ってきますので、注意が必要です。

相手が詮索《せんさく》して腹を立てているように思われるとき、「決して他意はありませんので、ご理解をお願いいたします」などのように、相手に対して悪意がないことをわからせるために使うといいでしょう。

たってのお願いでございます

⬇どうしても聞き入れてほしいときの決め言葉

「たっての」は、「無理を承知で強く望むさま、大変切実な、ぜひとも」の意味で、漢字では「達て」と書きますが、これは当て字。「たっての望み」「たっての希望」などの使い方があります。

「たって」は本来は「断って」で、一説では、困難があることや無理な願いだとはわかっていますが、それらを「断ち切って」、どうしても聞き入れてほしいということからきているとか。いずれにしても、**「ぜひとも、どうしても」の気持ちを強調するとき**に「たっての」を使ってみてください。

「生意気言ってすみません」は、
「僭越ながら」といいます。

手がふさがっております

⬇当人が電話に出られないときの魔法のフレーズ

突然の電話に出られないときなどに、「あいにく部長はただいま手がふさがっております」と答えて、相手の電話を断ることがあります。重要な相手の場合は、こういう答え方ではまずいと思いますが、**セールスの電話や初めての相手からの電話にはこのように断るといいでしょう**。もちろん、本当に何かをしていて電話に出られない場合も、電話に出ない口実でこう答える場合もあります。

「手がふさがっている」は、すでに何かをしていて、それ以上他のことをやれない状態のことです。ただ、その瞬間のことだけでなく、もっと長期の場合も使うことができます。「今は急ぎの仕事で手がふさがっていて、今月いっぱいは他の仕事はできない」と言うのはオーケーです。

話の腰を折って、申し訳ないのですが

⬇このひと言をはさんだほうが、会話がぎくしゃくしない

なぜ「話の腰《こし》」なのでしょうか。それは腰が人間の身体のなかでも特に重要な部分で、腰がしっかりしていなければまっすぐ立つこともできないからです。このことから、**相手の話の重要なところで口をはさんで、話をさえぎること**を「話の腰を折る」といいます。

ただ、特に話の重要なところでなくても、相手の話をさえぎること自体を「話の腰を折る」といってさしつかえありません。

憚りながら

⬇イヤミにならない自己主張

「憚《はばか》りながら」には二つの意味があります。一つは「**遠慮すべきことかもしれないが、恐れながら**」で、「憚りながら、意見を述べさせていただき

「手がふさがっている」といえば、
マイナス印象は残りません。

ます」という使い方。もう一つは「自分を誇示・主張するようであるが、不肖《ふしょう》ながら」という意味で、「憚りながら、私も専門家の端くれです」というような使い方です。

昔のやくざ映画にあるような「こちとら、憚りながら、江戸っ子でぇ！」と啖呵《たんか》を切るときは、後者の意味になります。使う場面によって、どちらか判断するのはけっこう難しいかもしれませんね。

ビジネスで使う場合は、前者の意味で使うことが多いのではないかと思われます。いずれにしても、今となっては大げさに聞こえる表現といえるでしょう。

平にご容赦ください

➡最敬礼で頭を下げるときのひと言

最大限の謝罪を意味する言いまわしです。「平《ひら》に」というのは「何卒《なにとぞ》、どうか」というほどの意味で、へりくだって相手に強く頼むときにつける言葉です。

「平にご容赦《ようしゃ》ください」は、何か大きなミスがあったときに、**相手から強く許しを請《こ》うときに使うフレーズ**です。謝罪文書やメール、口答でも使うことができますので、覚えておけば便利です。もちろん、こういう言葉を使わないで済むようにすることが肝心です。

何もできなかった自分が本当に不甲斐ない

➡誠意を込めて詫びるときのひと言

「頼り甲斐がない」というと「頼りにならない」の意味ですが、「不甲斐《ふがい》ない」だと「不＋甲斐＋ない」で二重否定になり、「甲斐がなくない」の意味になりそうです。しかし、**もともとは「言ふ（う）甲斐なし」**で、「言う値打ちもない」の意味を表していたものが、最初の「言」が取れて、「ふ（う）甲斐なし」となり、それに「不」が当てられて、今の「不甲斐ない」になったというわけです。ですから二重否定には当たらないのです。

へりくだって相手に頼むときには
「平に」といいます。

ぶしつけではございますが

⬇いたらない人間であると、スマートに表現したい

相手に対して急に頼み事をしたり、突然に連絡したりする際に用いることが多い言い方で、**礼儀に欠けていて、作法がなっていないことを事前に詫《わ》びる**表現です。「ぶしつけ」は「不躾《ぶしつけ》」と書き、つまり「躾がなっていないこと」で、「礼を欠くこと、不作法なこと、無礼なこと」です。

ビジネスシーンではよく使われますが、へりくだって相手を立てるときに使います。また、人前で挨拶するときにもよく使われます。「不躾なお願いで恐縮ですが」などの使い方もあります。

なお、「躾」は日本で作られた漢字で、もともとは「身を美しく飾る」の意味があったそうです。

不調法なものですから

⬇宴席で相手を不快にさせないスマートな断り方

「不調法《ぶちょうほう》」とは、**行き届かないこと、至らないこと、下手なこと、過失、不始末**などを意味する言葉です。いい意味ではないのですが、意外と便利に使える言葉です。

たとえば、酒の席で「まあ、一杯どうぞ」と勧められたとき、「いや、私、不調法なものですから」と答えれば、「なんだ、そうなんですか」と言われて、それ以上勧められないでしょう。これは不調法を下戸《げこ》という意味で使っているのです。

これと同じように、何かを頼まれたときに、「不調法なものですから」と言って、やんわりと断ることができます。理由は、器用でないから、下手だから、細やかな心づかいができないからなどですが、細かい理由を説明しなくても、なんとなく納得してもらえる便利な言葉になります。

「ぶしつけ」は漢字では
「不躾」と書きます。

不徳の致すところです

➡怒りの感情を鎮める便利な言いまわし

「徳」は立派な行いや品性、能力のことなので、「不徳《ふとく》」はまさに行いや能力が足りないこと。「致《いた》す」はよくない結果を引き起こすことの意味で、「不徳の致すところ」は、**自分の不徳のせいで引き起こした失敗や不都合を詫《わ》びるのに用いる謝罪の言葉**です。

ただ、これも政治家やお役人が使うと、言葉だけで体裁を整えているうわべだけの謝罪に聞こえて、あまり感じがよくないと思う人が多いのではないでしょうか。

今回は**見送らせて**ください

➡相手の希望に添えないときの好フレーズ

ビジネス上の案件で、遠回しに断るときに使うのが、この言い方。「今回は」と言っているので、「次回」に望みをつなげさせることができるため、**相手に受け入れられやすい断り方になります**。それに、一応検討をしてくれたうえでの断りの返事というイメージが、この言い方にはあります。
ただ毎回毎回、「今回は」とは使えませんので、何回かに一回は案件を採用している取引先には使いやすい言葉です。

身に余るお話ですが

↓この断り方なら相手も受け入れやすい

自分の能力や実績に比べて、命じられた仕事や責任が重すぎる場合に使う言葉です。「身に余るお話ですが、今回は辞退させてください」のように使います。「身に余る」と前につけることで、**自分を評価してくれたことに感謝しながら**、「私にはとても務まりそうもありません」「私には今はまだ早いと思います」などと続けて、相手の申し出を断ることができます。

ただし、これをホンネでそう思って言っているのか、それともやりたくない仕事を任されたのが不服《ふふく》で断る口実として言っているのか、詳しい事情を知らないとわかりませんね。

「No」と意思表示するときは、
「今回は見送らせてください」。

面目ありません

➡こんなお詫びができれば上級者

期待されていたのにうまくできなかったり、成功させられなかったりしたようなときに使えるのが、「面目ない」です。**期待を裏切り、合わせる顔がないというとき**に、「私としたことがまったく面目ない」などと使います。

「面目丸つぶれ」というと、それまで築いてきた名誉や評判が何かの一件ですっかり地に落ちて肩身が狭くなること。「めんぼく」「めんもく」、二つの読み方がありますが、この意味で使う場合は「めんぼく」が正しいとされています。ただ実際は、「めんもく」と読む人が少なくありません。

申し開きのできないことです

➡これが大人の品格ただよう謝り方

「申し開き」は弁明、言い訳のことです。「申し開きできない」は、全面的にこちらに非があり、弁明のしようもないときに使います。**よほどの大失態があり、その原因もこちら側にあるときの謝罪の言葉**として適当です。

「今回の不祥事《ふしょうじ》に関しては、私どもの管理不足で、申し開きのできないことです」のように使いますが、この言葉を使うときは完全に白旗を揚げるときで、責任を丸ごと引き受けるつもりで言うしかないでしょう。その覚悟を持って言ってください。

よんどころない急用ができまして

⬇相手の誘いを断るときに添えたい

「よんどころ」は「拠《よ》り所《どころ》」が音便《おんびん》化したもので、「ある物事が成り立つもとになるもの」というところから、「よんどころない」で、やむをえない、そうするよりしかたがないという意味になります。

これは主に何かの誘いを受けたときや、急に退席したり中座しなくてはならないときに使う常套句《じょうとうく》です。具体的にはいいたくないが、何かとても

「面目」というのは
世間に対する体面や立場のことです。

大切な急用ができたことを相手に感じさせる言葉で、**引き止めにくい雰囲気を醸《かも》し出すことができます**。なお、それよりもややくだけた言い方になりますが、「のっぴきならない」も同じ意味です。

老婆心ながら言わせてもらうが

⬇年少の者に助言するときのうまい言い方

ある程度年齢と経験を積んできた女性は必要以上に気をつかったり、心配したりすることから、「老婆心《ろうばしん》ながら」という言いまわしを使うことがあります。もともとは「不必要な心配」という意味合いでしたが、現代では**「行き過ぎな心配かもしれませんが」というようなへりくだった意味**で使われます。「老婆心ながら、そのやり方はお勧めできません」のように使います。老婆心といっても男性が使っても問題ありません。

ただ、「老婆心ながら」というからには、目上の人が目下の人に向けて言うことが多いので、押しつけがましくなりがちです。まさに大きなお世話にならないように配慮して使いましょう。

3 使いこなしたい品性がただようほめ方

お世辞とわかっていても、ほめられればうれしいもの……。それが人間ではないでしょうか。自分自身の場合を考えてみると、それがよくわかります。ただし、みえみえのほめ方では、逆効果になることもあります。ほめられたはずなのに、馬鹿にされたように感じることさえあるのです。反対に、上手なほめ言葉は、相手の心をくすぐり、ほめられた喜びをさらに大きくするでしょう。ここでは、大人のたしなみともいえる、品性を感じさせる「ほめ言葉」を集めてみました。

まさに言い得て妙

↓古きよき絶妙な持ち上げ方

巧みに言い表していること、実にうまく言い当てていることを「言い得

「老婆心ながら」は、目下から目上の人に対しては使えません。

て妙《みょう》」といいます。奇妙な言いまわしに聞こえますが、「口に出してみたら素晴らしかった」というほどの意味になります。「妙」には、**言うにいわれぬほど優れていること、美しいこと**の意味もあるので、このような意味になります。

使い方は、「徳川家康を古ダヌキといったのは、まさに言い得て妙だ」のように使います。今の言葉でいうと、「うまいこと言うなあ」のようなものでしょうか。目上の人が言った絶妙なひと言に「まさにいい得て妙ですね」と言って持ち上げてみてはいかが。

すっかり板につく

➡上に立つ人なら知っておくべき言葉

「新入社員の仕事ぶりもすっかり板《いた》についてきたねえ」などとよくいいますが、「板につく」とは何のことなのでしょうか。

実は、「板」は板張りの舞台のことで、「つく」はぴったりと調和していることを意味しています。つまり、経験を積んだ役者の芸は舞台にしっくりとなじんでいるという意味なのです。これが転じて、**仕事や役職、服装、態度などがその人にしっくり合っていることをいう**ようになったのです。

同じような言葉に「さまになる」「堂にいる」「身についている」などがあります。

一騎当千の活躍

↓優越感に浸ってもらうための必殺フレーズ

並はずれて強い人、非常に優れた才能や技術を持っている人のことを「一騎《いっき》騎千《とうせん》」といいます。まさに馬に乗った一人の武士が千人の敵を相手にしたことから、武士の強さを表していましたが、やがて武士だけでなく、優れた能力を持つ人にも当てはめるようになりました。もともとは中国にあった「一人《いちにん》当千」という言葉が、日本で「一騎当千」に変わったようです。

使い方は、「一騎当千の強者が集まり、強力なチームを築き上げた」のように使います。

「一騎当千」は、やり手として
知られる人をほめるときに使えます。

なお、室町時代よりも前には「いっきとうぜん」と発音するのが一般的でしたが、現代では「いっきとうせん」が標準的な読み方になっています。

大向こうをうならせる

⬇お世辞とは感じさせないスマートな表現

「大向《おおむ》こう」は芝居の舞台から見て正面後方にある立ち見の観客席のことで、ここに芝居通が多く陣取ったことから、転じて芝居通の観客自体のことを指すようになったのです。

つまり、芝居通をうならせるような芸で感嘆させることを「大向こうをうならせる」といい、**大衆的な人気を集めること**を指しています。「大向こうをうならせるようなプレーで、人気急上昇中の野球選手が彼だ」のように使うといいでしょう。

さすがに**お目が高い**

↓思わず相手の顔がほころぶひと言

いいものを見分ける能力が高いこと、見る目があることを「お目が高い」といいます。「彼の手腕をすぐに見抜くとはお目が高いですね」のように使います。

「お目が高い」は決して悪いときに使う言葉ではありませんが、**使いようによっては皮肉に聞こえる場合もありますから注意が必要です。**「いつも高い買い物ばかりしているから、さすがにお目が高いですね」なんて言われると、皮肉られているように感じますね。

似た表現に「見る目がある」「違いがわかる」「目に間違いはない」なども確かな審美眼《しんびがん》を持っていることを表す言葉です。

ものを見る目が優れていることを「お目が高い」といいます。

部長の**お眼鏡にかなう**

↓仕事のできる人と思われるクレバーな言いまわし

ここでいう「眼鏡《めがね》」とは、ものの善し悪しを見抜く力のこと。このことから「眼鏡にかなう」は、**目上の人に能力などを認められて気に入られること**です。

この場合の「眼鏡」は、**相手の鑑識眼《かんしきがん》や鑑定眼《かんてい》**の意味で使われています。目上の人の眼鏡なので、「お眼鏡にかなう」と丁寧にいうこともあります。

また、評価や判断を誤ることを「眼鏡違い」といい、「君を昇進させたのは、私の眼鏡違いだったな」などと使われます。一度喜んだあとに、こんなことは言われたくないですね。

彼の実力は**折り紙つき**だ

↓高く評価されていることを表現したいときに

品質などが優れていると保証されていることや、世間で定評を得ていることを「折り紙つき」といいますが、「折り紙」は、平安時代の末期から公式文書や贈《ぞう》呈品《ていひん》の目録として書いた紙を二つ折りにしたものです。それが江戸時代には、美術品や刀剣などの鑑定書にも使われるようになり、品質や価値が保証されているものを「折り紙つき」というようになりました。

今は、**人物を評価するときにも用いられる**ようになり、「彼の営業能力は折り紙つきだ」などと使います。折り鶴などの折り紙のことではないので注意してください。

外連味のない、いい文章ですね

➡こんな言葉をさらりと使えたら、一目置かれる

「外連味《けれんみ》」とは「はったり、ごまかし」、あるいは「ウケをねらったいやらしさ」のこと。「外連味が（の）ない」と使うことが多く、この場合は「**はったりやごまかしのない**」という意味で、ほめ言葉です。

「けれん」は、江戸時代末期に歌舞伎で行われた奇抜な演出のことで、そ

「お眼鏡にかなう」を使う相手は、
目上の人に限定されます。

こから一般に広まった言葉だといわれています。
なお、「外連」は当て字です。文章、音楽、絵画など、芸術的なものをほめるときに使われることが多いでしょう。

造詣が深い

➡ほめる側も知的であることをアピール

学問や芸術などの分野について深く理解していたり、知識を持っていることを「造《ぞう》詣《けい》が深い」といいます。

「造」には、あるところまで届くという意味があり、「詣」にも、高いところまで行き着くという意味があって、「造詣」で、**ある高みまで達すること**を表しました。やがてそれが学問や芸術についていうようになり、「造詣が深い」と表現されるようになりました。造詣というのは意外な漢字の組み合わせなので少しとまどいますが、「ぞうし」と読まないように気をつけましょう。

飛ぶ鳥を落とす勢い

⬇ノッている人をほめたいときの常套句

空を飛ぶ鳥さえも地面に落とすほど権力や勢いが強いことを「飛ぶ鳥を落とす勢い」といいます。「最近のA社は飛ぶ鳥を落とす勢いで売上を伸ばしている」などのように使います。勢いがいいとなぜ鳥が落ちるのかと疑問に思うかもしれませんが、あくまで比喩《ひゆ》的な表現で、強力な権力や権勢を持つ者は飛んでいる鳥をも落とすことができるといいたいのです。

近い意味の言いまわしとして、**「破竹《はちく》の勢い」「日の出の勢い」「向かうところ敵なし」**などの表現があります。

名にし負う桜の名所

⬇その一言で印象的になる言葉

元の形は「名高い、有名な」という意味の「名に負《お》う」です。「名にし負

芸術、文化など特定の分野の
知識が深いことを「造詣が深い」といいます。

う」は、**強調の助詞「し」を加えた強調形**になっていて、「名に負う」の意味をやや強めた言い方ですが、慣用句と受け止めたほうがいいでしょう。

「富士山は名にし負う天下の名峰《めいほう》である」のように使います。かなり大げさな表現なので、よほど世間的に知られたことをいうときでないとピンとこないものになるでしょう。

八面六臂の活躍

➡時の人をほめるのにぴったりの言いまわし

八つの顔と六本の腕(肘)を持つ阿修羅《あしゅら》像のイメージから、**多方面で力を発揮するたとえ**。「今回の彼のはたらきはまさに八面六臂《はちめんろっぴ》の活躍だった」のように使います。

ただし、実際には八面六臂の阿修羅像は存在しないとか。実際にあるのは三面六臂の阿修羅像ですが、八面のほうが全方位を見られるのでいいということなのでしょう。

「八面六臂の活躍」と使われることが多いですが、似た言葉に「大車輪の活躍」「獅《し》子奮迅《ふんじん》の活躍」などがあります。

一角の人物

↓オーラを感じる人に対する尊敬を表す

ひときわ優れた人や、ひときわ目立つ人のことを「一角《ひとかど》の人物」といいます。では、「一角」とは何のことでしょう？

「ひとかど」は「一廉」とも書き、「いっかど」と読むこともあります。もともと「角」と「廉」は同義語です。

「廉」は、「窃盗《せっとう》の廉で逮捕された」というときの「かど」で、ある事柄の原因や理由のことを指します。そこから「一廉」は、ある一つの事柄という意味もあり、ひときわ目立つところの意味につながっているものと思われます。

「傑出《けっしゅつ》した」「屈指《くっし》の」「出色《しゅっしょく》の」「抜群の」「並はずれた」などの言葉と同じととらえていいでしょう。

各方面で何人分もの働きをする人を「八面六臂」といいます。

水際立つ演技

⬇**豊かな表現力の持ち主であることが伝わる**

あざやかにきわだつこと、ひときわ目立つことを「水際立《みずぎわだ》つ」といいます。文字どおり、水と陸の際、つまり海や湖と陸地が接するところがくっきりとした境界線のように見えることから、こうした意味になります。海岸線のはっきりした水際を想像してもらうと、そのあざやかさが目に浮かぶのではないでしょうか。

「水際だった手腕を発揮した」「彼の作品は水際だった技術によってつくられている」など、主に技術や技量が優れている場合に使われます。

目から鼻へ抜けるような

⬇**いい意味で使われないこともあるのでご用心**

非常に利口で賢いことや、物事の判断が素早くて抜け目がないことを「目から鼻へ抜ける」といいますが、これは**見たものを視覚だけでなく、すぐさま嗅覚でもとら**

えて多角的に判断できる能力があることを指します。

ただし、使い方によっては「抜け目がない」ことを強調することもあり、あまりいい意味で使われない場合もあります。「あいつはお金に関してだけは、目から鼻へ抜けるように目ざとい」などと悪い評判にも使いますから、注意が必要です。

物腰がやわらか

➡いい人の要素をひと言に詰め込める便利な言葉

「物腰《ものごし》」は、ものの言いぶりや、身のこなし方のことなので、「物腰がやわらかい」は、**態度や言葉づかいが丁寧で、相手に対してやさしく、威圧《いあつ》感《かん》を与えないこと**です。基本的には、ほめ言葉なのですが、「あの人は物腰はやわらかいんだけど、腹のなかでは何を考えているのかわからない」のようによく使われます。表面的には穏やかなのだけど……というニュアンスも出る言い方なので、ちょっと注意してください。

抜きん出てすばらしいときに
「水際立つ」といいます。

4 「言葉なさけ」あふれる言い方

「温かい言い方」「冷たい言い方」という表現があります。温かい心づかいが感じられる言葉をかけられたときには心が癒され、冷たい言い方をされたときには、心がさびしくなるものです。言葉には情がこめられているということです。

真心のこもった言葉づかいというのは、相手の心を動かし、やがては自分に返ってくるものではないでしょうか。ここでは、相手に対するやさしい心、いたわりの心をしのばせる言葉を集めてみました。

お足元の悪いところ

⬇こんな挨拶が使えたら、一目置かれる

雨や雪の日に**わざわざ出向いてくれた人に対していう挨拶の言葉**です。「お足元の悪いところ、わざわざお越しいただき誠にありがとうございます」と言えば、雨の日にお客様を迎えるのに非常に丁寧な言い方となります。「お越しいただき」のところは、「おいでいただき」でもいいでしょう。

また、暑いときは「お暑いところ、わざわざお越しいただき誠にありがとうございます」で、寒いときは「お寒いところ」に替えて言うバリエーションも覚えておくといいでしょう。

おかげさまで、無事に仕事が終わりました

⬇人間関係で、これ以上、重宝な言葉はない

「おかげさまで」は、何かを手伝ってもらったときなどにいう感謝の言葉です。**漢字で書くと、「御陰様」**になります。光が当たってできる陰は、光に守られているものと考えられ、それが平安時代になると、神仏の加護に守られているものと思われるようになりました。神様には敬意を表さなくてはなりませんから、「御」と「様」をつけたのです。今は御礼の言葉としてだけでなく、一般的な挨拶の言葉としていうのも大人のルールですね。

雨の日にお客様を迎えるときは
「お足元の悪いところ」。

お気持ちだけいただいておきます

⬇「いらない」という気持ちをやんわり伝える

人から贈り物を贈られるのはうれしいことですが、その人から贈られる立場でない場合や、相手が経済的にゆとりがないことがわかっている場合、あるいはもらっても大してうれしくないものである場合など、**やんわりと断るときに使える**のが、「お気持ちだけいただいておきます」です。相手が差し出しているものを断るわけですから、上手に断らないと角が立ちます。「私にくださるというお気持ちだけは、ありがたくお受け取りいたします」という気づかいを示し、つっけんどんに断っているのではないという相手に対する意思表示です。申し出を断るときにこそ、気づかいが必要です。

お口直しまでに

⬇別のものをすすめたいときの便利な言いまわし

薬やまずいものを口にしたあとに、**その味を消すために別のものを飲食すること**

を「口直《くちなお》し」といいます。まさに口を直すわけですから、読んで字のごとしでしょう。最近は、飲食物にだけ使うのではなく、たとえばカラオケで下手な人が歌ったあとに、「ではお口直しに○○さんに一曲歌ってもらいましょう」と冗談めかしていう場合もあり、いろいろと使いようのある言葉になっています。

直しがつく言葉には、ほかに「お色直し」があり、結婚披露宴で新郎新婦が衣装を替えることを指します。本来は白い衣装から色のついた衣装に替えることをいいましたが、今は衣装替えそのものを「お色直し」といっています。

お口汚しですが

➡上質なもてなしを感じさせるひと言

「お口汚《よご》し」は、口を汚す程度しかないほど料理が少ないこと。お客様に「お口汚しですが」と**へりくだって料理を勧めるときに使います**。必ずしも

人に料理を勧めるときにいいたい
「ほんのお口汚しですが」。

量が少ないことを指すだけでなく、粗末な料理であることもあわせて意味しています。

ただし、手土産を「つまらないものですが」と言って渡したり、「何もありませんが」と言って料理を勧めたりするのと同じように、日本人の好きなへりくだる表現ですから、「お口汚し」と言われてもまともに受け取ってはいけません。「いやあ、これで少しなんて、私はそんな大食漢《たいしょくかん》じゃないです」なんて言う必要はありませんからね。

おさしつかえなければ

⬇相手が負担に感じないやわらかな聞き方

何かお願い事をするときに、もし相手に不都合がなければやっていただけないか、というような場合に使う言いまわしです。「おさしつかえなければ、新製品と交換して試していただけないでしょうか」のように使います。

「さしつかえなければ」と言っていますから、**何か都合があれば断ってもいいという、相手に配慮した頼み事になります**ので、相手の心理的な負担が少なくなる言い方です。

接客業では必ずサッと出てくるようにしたい言いまわしです。相当あいまいな意味になりますが、「もしよろしければ」もほぼ近い意味を表します。

お察しします

⬇このひと言で、**相手の心が温まる**

相手の気持ちを推し量ったり、相手を思いやるときに使うのが「お察《さっ》しします」です。主に**相手に同情を示すときに使う言いまわし**です。突然、相手の身の上に悪いことが起こったときに、「心中お察しいたします」と言って、「あなたの心の内が今どうなっているか、私にもわかりますよ」と相手を慰《なぐさ》めようとすることができます。

自分の気持ちをわかってほしいときの「お汲《く》みとりください」と対になるような言いまわしです。

「事情が許せば」という気づかいを添える「おさしつかえなければ」。

お世話さまでございます

⬇自分のために何かしてくれた人への万能の返し言葉

「お世話さま」「お疲れさま」「ご苦労さま」の使い分けをしていますか？　一般的には、「お世話さま」は目上、目下にも使え、「お疲れさま」は目上、同僚に対して使い、「ご苦労さま」は目上から目下に使うといわれています。しかし古くは、目上の人をねぎらうことを口にすることは基本的になかったので、目上の人に「お疲れさま」とは言わなかったようです。

なかでも、「お世話さま」は社会人にとってまったく便利な言葉です。**何かをしてもらったときに、「お世話さま」を使えばひと言ですみます**。ただ、「お世話さまです」では目上の人に少々失礼な響きがあります。そんなときは、「お世話さまでございます」といえば、十分に感謝の気持ちが伝わるでしょう。こういう言葉がパッと出てくるようにふだんから気をつけておきましょう。

遅まきながらと、遅ればせながら

⬇同じような言葉だが、使い方がはっきり異なる

「遅まきながら」の「遅まき」は「遅蒔き」と書き、「時季に遅れて種を蒔くこと」。これが転じて、「時機に遅れて事をすること」となり、「今さらながら」とか、「今となっては遅いのだが」という意味になります。**自分の行動に対して、自分で残念な気持ちを表す**ニュアンスです。

一方の「遅ればせながら」は、「遅れる＋馳《は》せる＋ながら」という言葉の組み合わせです。つまり「遅れて駆けつけましたが」という意味になり、「遅くなりましたが、遅れてしまいましたが」と**相手に対して申し訳ないという気持ちを込める**言い方になります。

「遅まき」というのは、
時季に遅れて種を蒔くことです。

お粗末さまでした

⬇「ごちそうさま」に対して返す常套句

食事の終わりに「ごちそうさまでした」と言われたときに、「お粗末《そまつ》さまでした」と答えるのは、古くからある習慣です。お客様が来て、どんなにご馳走《ちそう》を出したあとでも「お粗末さま」と言うのが礼儀の一つでした。

ただし、最近は「粗末なものなどつくっていないし、出していない」という自己主張の強い主婦もいて、あまり聞かれなくなっていますし、グローバルな時代に合わない言い方のような気がします。それでも、**謙遜《けんそん》の精神にあふれた日本人の美徳**と考えて残しておきたい言葉でもあります。

お相伴させていただきます

⬇飲みの誘いに気持ちよく応える言葉づかい

「相伴《しょうばん》」とは、互いに連れ立つこと、あるいは宴会の席に正客《しょうきゃく》に連れ立って饗応《きょうおう》を受けることです。

上司や目上の人から食事や酒の席に誘われたときに、「ご一緒させていただきます」「喜んでお供《とも》させていただきます」と答えれば合格ですが、「お相伴させていただきます」といえば、ワンランク上の答え方になります。

上司と同席するのは気が重いかもしれませんが、社会人にとっては飲みニケーションも時には必要なことです。そんなときに誘われて気の利いた答えができれば、「若いのに心得たやつだ」となって、覚えがめでたくなるかもしれません。

恐れ入ります・痛み入ります

⬇さらりと使えるだけでエレガントに

どちらも恐縮したときに使う言い方ですが、「恐れ入ります」のほうが一般的には使いやすい言葉です。「痛み入ります」は、**過分の好意や気づかいに対して使う**のが基本ですし、それに少し大げさで時代がかった言い方

「恐れ入ります」は、お詫びやお礼に使える必須ワードです。

だといえるでしょう。

ただし、「私のような弱輩者《じゃくはいもの》にこのような過分なお気づかいをいただき、誠に痛み入ります」というような場合は、「恐れ入ります」ではなく、「痛み入ります」のほうが適当です。ここぞという場合に使えるようにしておくといいでしょう。

お平らになさってください

⬇こう言われて、キョトンとするのは恥ずかしい

訪問先で畳の部屋に通されたとき、「お平《たい》らになさってください」と言われて何のことかわからなかったという人がいましたが、最近ではめったに聞かない言葉ですからしかたないかもしれません。イスの生活が多くなりましたから、それも無理がないところです。

「お平らに」は「**足をくずして、ラクな姿勢にしてください**」という意味です。京都など、古い言葉の残っている地域では今でも聞くことがありますが、知らなくとも責められませんね。それでも、知識としては知っておいたほうがいいでしょう。お座敷のある高級店に上司に連れて行かれたとき、お店の人に「お平らに」と言われて、ポカンとしていたら恥をかきますよ。

それじゃあ、今日はこれで**おつもり**にしよう

⬇「おしまいにしたい」とさりげなく伝える

そろそろ終電車だし、まだ飲み足りないけど、今日はここまでにしようか、というときに使うといいのが、「おつもり」です。

漢字では「お積もり」と書き、これは杯を重ねることを指しているので「積もり」というのです。つまり酒の席で、**この一杯で最後にしようというときにいう言葉**です。これも、最近の若い人には通じないかもしれませんね。

「これで、おつもりにしようか」と言ったら、「まだ飲むおつもりですか!?」なんて言われたりして。

酒席で、その杯きりで終わりにすることを「おつもり」といいます。

お膝送りを願います

↓こう言えば、相手の気持ちを逆撫でしない

病院の待合室や電車の座席などで、もうちょっと詰めてくれたら座れるのに、と思うときがありますが、そんなときに**「詰めてください」と上品にいう言い方**が「お膝送《ひざおく》り」です。

読んで字のごとしで、一人ひとりが膝をずらして少しずつ詰め、一人分のスペースをつくることを「お膝送り」といいます。めったに聞かない言葉ですが、着物を着た女性が上品に振る舞いたいときなどにはぴったりです。

また、「こぶし浮かせ」も、こぶし一つ分ずつ詰めて座れるスペースをつくることで、「お膝送り」と同じ意味を表します。どちらも日本人のおたがいさま精神を表す言い方ですね。

お持たせですが

⬇ひと言添えると、失礼な印象がなくなる

来客が来るというので、とっておきのお菓子を用意していたところ、お客様が評判の店のケーキを手土産に持ってきてくれました。さて、こんなとき、用意したお菓子を出すのがいいか、それとも持ってきてくれたケーキを出すのがいいのか悩みますね。

ケーキは生ものですから、こんなときは素直にお客様の持ってきてくれたケーキを出すほうがいいでしょう。そしてそのとき、「お持たせですが」とひと言添えて出すのが礼儀です。

「お持たせ」は**お客様の持ってきてくれた手土産に対する敬語**です。わざわざ選んで持ってきてくれたケーキを一緒に食べて、美味《おい》しいと感想を述べるのもお客様への気づかいになります。

いただいた手土産をその場で出すときには、「お持たせですが」。

お呼び止めいたしまして・**お呼び立て**いたしまして

➡相手も忙しいに違いないのだから

「お呼び止めいたしまして」は、どこかに行こうとしていたり、帰ろうとしているところに声をかけて、何か話をするときに使う丁寧な言い方です。先にこの言葉をいって話し始めるか、最後に「お呼び止めいたしまして申し訳ございませんでした」で結ぶかします。**こちらの都合で相手の足を止めさせるのですから、丁寧な言い方が必要です。**

もう一方の「お呼び立ていたしまして」は、相手を呼んで、こちらに来てもらったときにいう丁寧な言い方です。忙しいところ、わざわざ来てもらった相手に対して申し訳ない気持ちが込められています。これらの言い方もすらすら出てくると一人前ですね。

ご縁がありましたら

➡相手の気分を害さないのが礼儀

婉曲《えんきょく》的に断りの返事をするときによく使われる言いまわしです。「ご縁がありましたらば、そのときはぜひお食事をご一緒させてください」などのように使います。基本的にはもうその機会がないだろうと思う場合が多いでしょう。

逆に「今回はご縁がなかったものとして、悪しからずご了解ください」のように入社試験などの断りの返事によく使われる言いまわしもあります。

また、お見合いなどで相手を断るときにも「今回はご縁がなかったようで」などと使うこともあります。

ご散財《さんざい》をおかけしました

⬇「ありがとうございました」だけでは失格

上司や目上の人に店でご馳走《ちそう》してもらい、お金をつかわせてしまったとき、「ご馳走になって、ありがとうございます」だけでは、少々もの足りない気がします。そんなとき、「ご散財《さんざい》をおかけして恐縮です」とひと言いってみましょう。「オレの懐《ふところ》を気にしてくれているのか、かわいいヤツだ」と思われるかもしれません。

やんわり断りたいとき、「ご縁」というだけで丁寧な表現になります。

「散財」は、**ある程度大きなお金をむやみにつかうこと**で、自分が使う場合も、相手に使わせてしまう場合にも用います。

ただ、会社の接待などの場合は、個人的な支払いとは違いますから、散財はあまりふさわしい言葉ではありません。「すっかりご馳走になってしまい、ありがとうございます」と言うだけでいいでしょう。

ご自愛ください

⬇手紙やメールを書くときの常套句

手紙やメールの最後につける結びの言葉として使っている人も多くいますが、「お体をご自愛《じあい》ください」は間違い。「自愛」とは、自分の体を大切にするという意味ですから、**「お体をご自愛ください」だと二重表現になるので、「お体を」は不要です。**

男女ともに使え、目上の人にも使えますから、結びの言葉としてとても便利です。「季節の変わり目ですから、ご自愛ください」「これから寒さが厳しくなりますので、ご自愛ください」「くれぐれもご無理などなさらないよう、ご自愛ください」など、使い方のバリエーションも豊富です。

ご足労をおかけいたします

⬇取引先に自社まで来てもらうときには

「足労《そくろう》」とは足を疲れさせる意味があり、そこから人に足を運ばせることをいいます。「ご足労をおかけする」は、**本来こちらから出向かなくてはいけないのに、わざわざお越しいただくこと**です。相手に対して、足を疲れさせてしまって大変申し訳ない気持ちを表します。

なお、相手を呼び出すときに、「ご足労ください」という言い方はしません。あくまで、こちらに来ていただくことであり、その行動に感謝するのが「ご足労をおかけいたします」という言いまわしです。

「自愛」というのは、
自分の体を大切にすることです。

お心づかいは**ご無用に**

⬇**きちんとした人と感心される言いまわし**

主にご祝儀やお香典《こうでん》などを渡したり送ったりするときに、**「お返しは必要ありませんよ」という気持ちを表す**言い方です。また、自分の家に人を招くときに「手土産はいりませんよ」など、相手に気づかいをさせないようにするときにも使います。

ただし、常套句《じょうとうく》として使っているだけのときもありますから、言葉どおりに受け取らないで、やはりお返しをしたほうがいい場合が多いでしょう。その反面、最近はお返しされることを面倒くさがって、本気で嫌がる人もいますから、空気を読んだ対応が必要です。

ごめんください。奥様はいらっしゃいますか

⬇使いこなせるだけで品格はぐっとアップする

「ごめん」は「ご免」のことで、**「許すこと、許可すること」の尊敬表現**です。つま

り「ご免ください」は「許可してください」の意味で、家を訪問するときも、別れるときも許可を求めているのです。それぞれ「あなたのお時間を使わせてください」、「ここで失礼させてください」の意味ですが、そこまで考えなくても、さらっと出てくるようにしておきましょう。

つまらないものですが・印ばかりのものですが

⬇押しつけがましくない言葉を選ぶ配慮を

どちらも、日本人の謙遜《けんそん》の精神を表す言いまわしです。たいそうなものでないと伝えることで、**相手が受け取りやすくなる言い方**です。

「つまらないものですが、お受け取りください」「印ばかりのものですが、どうぞお納めください」などのように使います。

このほかにも、「めずらしくもありませんが」「形ばかりのものですが」「心ばかりのものですが」「ご挨拶の印として」「ほんの御礼の気持ちです」「お気に召していただけたらうれしいのですが」「お口に合いますかどうか」な

相手の心づかいを断るときには、
「ご無用に」といいます。

ど、いろいろな言いまわしがありますので、適切に使えるようにしておきましょう。

手前味噌ですが

⬇自慢話の前にひと言添えたい

自慢することを「手前味噌《てまえみそ》」といい、「手味噌」ともいいます。「手前」は、自分たちのことを指す「手前ども」と同じ使い方で、自分のこと。「味噌」は「そこが、このやり方のミソだ」などと使うときの「味噌」で、「工夫や趣向をこらした点」、いわば重要なポイントのことです。つまり「**自分たちの工夫したこと**」を自慢するのが「手前味噌」のポイントです。

なぜ「味噌」なのかといえば、昔は各家庭でそれぞれ工夫した味の味噌をつくっていたことから。各家庭ごとに自慢の味噌があったということなのでしょう。

どういたしまして

➡相手の言葉をやわらかく否定する言葉

何かをしてあげて、相手から「ありがとう」と言われたときに返す言葉の一つに、「どういたしまして」があります。でも、これはどういう意味なのでしょう?

この言葉は「どう（何を）・いたし（するの謙譲語）・まし（丁寧語を作る助動詞）・て（反問的用法の終助詞）」に分けられ、**「何をいたしたわけでもありませんよ。だから、気にしないでください」**というような意味になります。

しかし、これも挨拶の言葉ですから、深く考えるよりも、「ありがとう」と言われたら、さらっと「どういたしまして」とスマートに答えられるようにすることが肝心です。

自分で自分のことをほめることを「手前味噌」といいます。

ひとかたならぬご配慮

⬇人間関係を円滑にする美しい日本語

「ひとかたならぬ」はビジネスでもよく使う言いまわしですが、**ひととおりでないこと、なみなみならぬ、非常に**という意味です。「ひとかたならぬお世話をおかけした」「ひとかたならぬご配慮を賜った」「ひとかたならぬ御恩をこうむった」のように使い、形式ばった挨拶などでよく聞きます。

漢字では「一方ならぬ」と書きますが、「一方」は普通の程度といった意味です。つまり、普通ではないの意味になるわけです。目上の人にこれまでお世話になった御礼を言うときなど、ぜひこの言葉を使ってみてください。

第3章

気分や状況で使い分けたい「微妙な違い」

この言い方、あなたはどう思います？

「美しい」と「きれい」、「ついに」と「とうとう」、「ひときわ」と「一段と」など、似たような言葉でも、それぞれ違ったニュアンスがあるものです。多様多彩な言葉の違いを知り、その場や状況に見合った言葉を選び、そのときの気分まで、しっかりと表現できるようになる……。そんな成熟した人間をめざしたいものです。

ここでは、相手によって、また時と場所によって使い分けたい、さまざまな表現を集めてみました。

あいかわらず不景気・依然として不景気

➡より残念に思う気持ちが強いのは

両者とも、時間がたっているにもかかわらず、前の状態と変わらないことを表す言葉です。

「あいかわらず」は、なんらかの変化をしているだろうと予想していたのに、それに反してあまり変化していないときに使います。たとえば、「あいかわらずお元気でけっこうですね」というのは、高齢の方が以前よりもっと年取って見えるかと思っていたのに、会ってみると、予想に反して、変わらず元気でいたときに使います。一方、「君はあいかわらず平社員のままなのか」というと、きっともう昇進していると思っていたのに、まだ平社員のままなのかと思う気持ちを表しています。このように、話す人がやや**具体的な予想や期待を持っている場合**には「あいかわらず」を用います。

また、「依然として」の場合は、変化のない状態のほうに焦点を合わせて、そこに話す人の具体的な予想はあまり入ってきません。たとえば、「領土問題は依然として解決の糸口がつかめない」という場合は、解決してほしいという気持ちはあるものの、領土問題が今どうなっているか具体的な予想は持っておらず、事実として今も変わっていないと伝えているだけです。

なお、両者とも、肯定的な場合も、否定的な場合もどちらでも使える言葉です。

「相変わらず」は、予想や期待に反して、過去と変わっていないこと。

著しい・**はなはだ**しい・**めざま**しい

⬇言葉の〝相性〟を無視してはいけない

「著しい」は、変化しつつある状態がはっきりと目立つほど明らかな様子を表し、プラスの意味でもマイナスの意味でも用いることができます。たとえば、「店長が代わり、売上の増加が著しい」とプラスの意味でも使えば、「ノルマを厳しくした結果、社員の定着率の悪化が著しい」のようにマイナスの意味でも使います。このように状態の変化が大きい場合に使える言葉です。

それに対して「はなはだしい」は、状態や量が標準をはるかに超えるときに使う言葉であり、プラスの意味でも使いますが、**どちらかというとマイナスの意識を表現するとき**に使います。

「人口増加によって住宅事情がはなはだしく悪化した」とマイナス面を表すときに使うのが普通ですが、プラス面を表すときに「はなはだしい」を使うと、言外に何かひと言いいたい気持ちがあるように感じさせます。「売上がはなはだしく伸びているが、何か裏の理由があるのではないか」のように、急に売れているのはちょっとヘンだぞ、というような気持ちを表すには「はなはだしい」はしっくりします。

また、「著しい」は、その様子を目で見たり、数字で表して、明らかに目立っているときにしか使えませんが、「はなはだしい」は漠然とした状態の変化の場合にも使えます。「はなはだしい不運が彼を絶望の淵に追いやった」とはいっても、「著しい不運が彼を絶望の淵に追いやった」とはいいません。

一方、「めざましい」の場合は、主にプラス面で目を見張るほどの変化があるときに使います。「勉強を続けたので、成績アップがめざましい」「努力の結果、めざましい改善が行われた」のように、「～の努力をしたおかげで、プラスの効果が表れた」というような場合に用いられます。

いつも感じている・常に感じている・絶えず感じている

⬇使っていながら知らない日本語

「いつも」は、「どんなときでも」の意味ですが、実際にはより幅広い場面や意味合いで使っています。たとえば、「いつも勉強をしています」といっ

「目覚ましい」はプラス方向への変化、

「甚だしい」はマイナス方向への変化。

ても、一日二四時間勉強していると思う人はいないでしょう。

この場合、漠然とした「いつも」の使い方で、話す人、聞く人によって感覚が違うものになります。また、「じゃんけんはいつも負ける」というときも、あくまで「いつも」という感覚です。必ずじゃんけんに負ける人はいません。

それに対して、「常に」は、年中変わらないこと、恒常的《こうじょう》なことを意味し、「いつも」より厳格に**「どんなときも必ず」のニュアンスが強くなります**。「太陽は常に西に沈む」「ある場所の重力は常に一定だ」のように使いますが、ふだんの生活では、これらの「常に」を「いつも」に入れ替えてもほとんど同じ意味としてとらえられます。

ただし、「東京の八月はいつも真夏日が多い」のような場合、「東京の八月は常に真夏日が多い」とはいえません。そこにあるのは、「常に」のなかにある「どんなときも必ず」という厳格さの違いといえるでしょう。

「絶えず」の場合は、継続性に重点が置かれます。「太陽は絶えず輝いている」とはいっても、「太陽は絶えず西に沈む」とはいいません。また、もともと継続性のある表現には使われず、「この鉄道は絶えず時間どおりだ」という使い方もしません。

いろいろありました・さまざまありました

⬇いつでも置き換えられるわけではない

「いろいろ」は、違った事柄や状態が数多く重なったり、事象が多く異なった状態を示す言葉です。たとえば、「いろいろな花」という言葉は、花という属性をもつ多くの種類を指しますが、「花のいろいろ」のように名詞的用法でも使えます。また、「いろいろやってみた」というときは、同じような行動をあれやこれやと試したり、経験したということです。似た表現に「種々」もありますが、こちらはどちらかというと口語よりも文語で使うことが多いでしょう。

一方の「さまざま」も、「いろいろ」と同様に種類や状態などのバリエーションの豊かさを表す言葉です。漢字で書くと「様々」となるように、「ありさま」や「様子」が多彩である場合に特に用いられます。

「いろいろ」と「さまざま」を文のなかで入れ替えても、それほど意味が変わらない場合が多いのですが、**数の多さを表すために特に用いた「い**

色という言葉を重ねて「いろいろ」、
様という言葉を重ねて「さまざま」。

ろいろ」は、「さまざま」で置き換えることができないので、注意が必要です。

君は**美しい**・君は**きれい**

⬇上っ面の意味だけで使うと失敗する

ふだん何気なく、「美しい」と「きれい」を使っていて、あまり違いを意識しないことが多いでしょうが、違いはあります。

まず「美しい」は、不純で汚れたところがないのが特徴です。そして、それによって**人の心を打ち、心を揺り動かされる感情が湧き上がったとき**に「美しい」が使われます。

「美しい」と表されるものには、絵、写真、字、景色、花、人間、人の動作など目に見えるもの、声や音、音楽など耳に聴こえるもの、人の行為や感情、言葉など精神的なものまで含みます。「ダ・ヴィンチの絵は美しい」「彼女の字は美しい」「鳥の鳴き声は美しい」「思いやりの心は美しい」などです。

これに対して「きれい」は、不純なものが混じっておらず、全体が整っていることを表します。たとえば、「きれいな部屋」といえば、部屋のなかが片づいていて、掃除もよく行き届いている状態を想像させます。センスがよくて、しゃれたインテリアの部屋であっても、乱雑で、ゴミがたまっているような部屋を「きれいな部屋」とはいいません。「美しい」が人の感情に訴える面を強く感じさせるのに比べると、「きれい」はそこまではいかず、見た目の状態を表す言葉です。

また、「美しい」と「きれい」は、ほとんど同じような言葉につけることができますが、「きれいな水」はあっても、「美しい水」とはいいません。また、「きれいな空気」はあっても、「美しい空気」も広告以外では使いません。逆に、「美しい友情」はあっても、「きれいな友情」は不自然です。あるいは、「きれいな試合」と「美しい試合」はニュアンスが違います。「美しい」と「きれい」はほとんど同じ意味でも、やはり使い方に細かい違いがあるのです。

「美しい」は「きれい」よりも
抽象的で規範的な要素が強い。

うら寂しい・**もの**寂しい

⬇沈んだ気持ちをどうやって言葉にするか

古くは「うら寂《さび》しい」を「心寂しい」と書いていました。この「心」は「裏」と同じような意味で、表に見えないものの意味でした。つまり、体の表面から見えないものの意味で「心」が使われたのです。つまり、「うら寂しい」は「**心の内が寂しい**」こと。ひいては「なんとなく寂しい」ことを意味しています。この使い方では、ほかにも「うら悲しい」「うら若い」などの「うら」に「心」という漢字が当てられていました。

「うらぶれる」は、落ちぶれてみすぼらしいさまを表しますが、別の意味で、「心の拠《よ》り所《どころ》がなく力を落とす」の意味もあり、昔は「心ぶれる」と書きました。

「もの寂しい」のほうはもう少しシンプルです。「もの（物）」は接頭語で、「**なんとなく**」を表し、明確な理由がないときに使う言葉です。そこで、「もの寂しい」は、「なんとなく寂しい」という意味になります。「もの悲しい」「もの静か」「もの珍しい」も同じ使い方です。ただし、「ものすごい」というときの「もの」は強調の接頭語なので、「なんとなく」という意味にはなりませんから注意してください。

反対意見も多い・反対意見も少なくない

↓いっけん、同じ意味のようだが……

「多い」「少ない」は、基本的に一定の基準があって、「それよりも多いか」「それよりも少ないか」を表す言葉です。たとえば、「今年は例年に比べて人出が多い」といえば、「いつもの年よりも人の数が多い」ということを表しているだけで、絶対数として多数の人出があることを意味しません。初めて行った街で「この街は人が多いね」というときは、自分の頭のなかで似たようなサイズの街を思い浮かべて、「きっと同じくらいの人がいるんだろうな」と思っていたところが、予想を超えてたくさんの人がいたときに出る感想です。

では、「少なくない」は、どんなときに使うでしょうか。「少なくない」は、時と場合、またはそのときの感情によって大きくとらえ方が違う言葉です。たとえば、ある提案に対して賛成・反対の決を取ったとき、賛成六〇パーセント、反対四〇パーセントだった場合、「反対は少なくなかった」といえ

見逃すことができないほどの数量のときには「少なくない」。

るでしょう。ただし、もともと反対に投じる人がほとんどいないと思われていた場合は、二〇パーセントでも「少なくない」という場合もあります。やはり一定の基準があってこその「多い」「少ない」ということになるのです。

「少なくない」という場合は、**その点に注目させたいという意図が見え隠れする**こともあります。もし自分がある提案に対して反対だった場合、たとえ一〇〇人中一〇人が反対であったとしても、「反対は少なくない」と言ったりすることもあるでしょう。この場合、量的な多さをあまり問題とせずに使っています。「意外だ」という感情や、「少ないけれども無視できない」という気持ちを込めるときにはよく使われます。

おおよそ そんな感じ・だいたい そんな感じ

⬇テキトーすぎると軽率な人だと思われかねない

「おおよそ」と「だいたい」は、「あらかた、おおまか」という意味では同じようです。ただ、詳しくいうと「おおよそ」は細かいところは問題にしないで、全体を大まかにとらえることであり、「だいたい」は細部を除いた主な部分を意味しますが、感覚的な違いはあまり感じられません。

「おおよその事情は理解した」「その仕事にはおおよそ三日はかかる」「夏休みの宿題はおおよそ終わった」などは、いずれも「だいたい」に替えてもほぼ同じ意味になります。ほとんどの場合、入れ替えが可能だといっていいでしょう。ほかにも似た意味の言葉として、「おおかた」「あらかた」などがあります。

「ほぼ」や「ほとんど」も近い意味ですが、「おおよそ」「だいたい」よりも**達成度が高く**、「計画はほぼ完成した」や「計画はほとんど完成した」のほうが、「計画はおおよそ（だいたい）完成した」よりも、ずっと完成度の割合を高く感じさせます。

かなりのワル・相当なワル

➡やけに気になるあの言葉の差異

「かなり」は、もともと「可なり」のことで、満足や納得はいかないが、

「かなり／相当」は、語る主体の主観的なランク付けに基づきます。

最低限はクリアしていることの意味です。「コンサートにかなりの観客を集めることができた」は、「満員というわけにはいかないが、予想していた観客数程度には集められた」という意味になります。したがって「かなりのワル」という場合は、**非常にというわけではないが、並一通りを超える程度の**ワルということです。

一方の「相当」は、普通よりも超えていること。そのため「相当なワル」というと、普通のワルを超えたワルということになります。

となると、「かなりのワル」と「相当なワル」ではどっちがワルかというと、もともとの語の意味からするならば、「相当なワル」のほうになりそうですが、使い方次第で、どっちのほうが本当のワルかは判断が難しいところです。

かたより**気味**・かたより**がち**

➡よく出るあの言葉のおおもとの意味

「〜気味《ぎみ》」は、どちらかにいくらか傾いていること、傾向があることです。「彼女は風邪気味だ」「彼女は痩《や》せ気味だ」「人気は過熱気味だった」などのように使います。

これを見てわかるように、今、あるいはそのとき、どちらかに傾いていることを指しています。

　それに対して、「〜がち」は、〜する傾向にある、〜することが多い、〜になりやすいなどの意味がありますが、**今、その状態でない場合にも使う**ことがあります。「彼は病気がちです」は今、病気であるとは限りません。

また、主にマイナスの意味で使われます。

　両方とも似ているような意味に思えますが、彼女が今太っていない場合、「彼女は太りがちです」（「彼女は太りやすい体質である」の意味）とはいえても、「彼女は太り気味です」ではしっくりきません。「今は痩せていますが、もともと彼女は太り気味です」のように使うことになるでしょう。

　厳密にいうと、「〜気味」と「〜がち」では意味合いが違ってきますから、交換不可能なことが多いでしょう。

状態を表すことが多い「気味」、
動作を表すことが多い「がち」。

くだらない話・**つまらない**話

⬇漢字で書くと違いが一目瞭然

「くだらない」にはもともと、**意味がわからない、わけがわからない**という意味がありました。たとえば、川で上流から下流にものがスーッと流れればいいですが、何かに引っかかって途中で止まってしまうと、わけがわからずすっきりしない気持ちになります。つまり、ものがスーッと「くだらない」と、わけがわからなくなることから、そのような意味になったというわけです。

「つまらない」の場合は「詰まる」の否定形からきていますが、「詰まる」は行動や思考が煮詰まる状態を意味し、そこからやがて、納得する、決着するの意味へと変わってきました。そのため「つまらない」は納得できないことを表し、今のように**取るに足りない、ばかげている**の意味になったといわれています。

「くだらない」と「つまらない」は、よく考えると原義は異なる意味を持っているのに、同じ「ばかばかしい」という意味になるのはおもしろいですね。

三時ぐらいに・三時ごろに

⬇軽い気持ちで多用していないか

まず、「くらい、ぐらい」の発音はどちらを使ってもよく、「ころ、ごろ」は「子どものころ」のように「〜のころ」というときは濁《にご》らない「ころ」を使います。「ごろ」の発音にはなりません。

ふだんは「くらい」と「ころ」の違いを意識しないで使っているかもしれませんが、意外にも違いがあります。「ころ」が**時間や年齢について使う**のに対して、「くらい」はいろいろなものについて使います。言われてみれば気がつくでしょう。「一〇ケースくらい持ってきて」とか、「食事くらいはしっかりとりたい」のような場合です。いずれも、「ころ」は使えません。

また、「くらい」は一定の時間幅を表し「三〇分間くらい」といいますが、「ころ」の場合は時間幅を表す使い方はできず、「三〇分間ころ」などといいません。

「ころ」は、とき（時刻、時間、日、月、年など）に関してのみ使います。

「このお寺はいつぐらいに建てられたのですか」の場合は、「ぐらい＋に」になっていますが、「ころ」を使った場合は、「いつごろ建てられたのですか」となり「に」は不要です。このように、使い方のうえでは「くらい」と「ころ」にはいろいろな違いがあります。

詳しい説明・こまかい説明

⬇仕事ができそうな人は、どっち？

「こまかい」にはさまざまな意味があり、いろいろな状況で使える一般的な言葉です。形や単位がきわめて小さい、取るに足りないほど小さい、小さいところ・細部まで行き届いている、勘定高い《かんじょうだか》などの意味があります。

「こまかい説明」というときは、詳細な説明であり、特に小さいところにこだわって説明しているというイメージになります。

「詳しい説明」の場合は、小さなところにこだわるのではなく、全体を見渡して等しく詳細に説明するイメージです。

両者ではややニュアンスの違いが感じられますが、ふだん使うにはそれほど意味の違いは意識されません。

ただ、「あの人の説明はいつもこまかい」というと、時に**ネガティブな感じを表す**こともあり、取るに足りない小さなことまでぐだぐだと説明して面倒くさいと感じさせることもあります。「こまかい」については、こまやかなことを表す反面、小さいことにこだわったり、お金にうるさかったりというネガティブな意味もありますので、使い方に注意してください。

一年**ごと**・一年**おき**・一年**ぶり**

⬇いつもの言いまわしに意外や意外の落とし穴が

「一年ごとに台風がくる」
「一年おきに台風がくる」
「一年ぶりに台風がくる」

それぞれの文は、どのような時間的間隔で台風がくると読みとれますか。

「ごとに」だけは、
誤解の余地がない言葉です。

「一年ぶり」は明快で、前回、台風がきてから一年たっていることですね。では、「一年ごと」と「一年おき」には、毎年台風がくると思いますか、それとも二年に一度台風がくると思いますか。

「毎年台風がくる」と思う人が多いかもしれませんが、正解は「どちらでもいい」です。たとえば、「一日ごとに会社に行く」「一日おきに学校を休む」といったとき、「毎日会社に行く」「毎日学校を休む」と思う人は多くないと思います。このように、「一日ごと」「一年おき」などはどちらともとれる表現なので、ビジネスではっきりと言いたいときは、「毎年」とか「二年に一度」と明確にいったほうがいいでしょう。

ただ、この表現があいまいな意味となって問題になるのは、主に数字が一のときです。「二年ごとに」「三年おきに」というときは、ほとんどの人が「二年に一度」「三年に一度」の意味と理解します。つまり**二以上の数字ではあいまいさがなくなる**のです。

時間や数字を表す表現では、ときどきあいまいなものがありますので、お互いに間違いがないようにするためには、具体的な日付や時刻で相手に伝えるようにしましょう。

母**さえ**知らない・母**すら**知らない

⬇使い分けができなければ〝ボキャ貧〟と笑われる

本来は「さえ」と「すら」には、使い方に基本的な違いがあります。「すら」を使う場合は、「その地方は秋ですら寒いのだから、冬はもっと寒くなるだろう」のように、「AなのだからBの状況になるのは当たり前だ」という使い方です。一方の「さえ」は、「その地方は秋でさえ寒いのだから、冬はどんなに寒くなるかわからない」のように、「程度の軽いものをあげておいて、それを超えたものを推測させる」という用法です。

しかし、これらの使い方は今ではあいまいで、両者を入れ替えて使っても違和感を覚える人は少ないでしょう。ただし、両者を入れ替えられない場合もあります。たとえば「成績さえ悪くなければ、進学できる」は「成績すら悪くなければ、進学できる」と入れ替えることはできませんし、「命さえあれば何もいらない」も「命すらあれば何もいらない」とはいえません。

また、「さえ」はいろいろな言葉の後につけることができるのに対し、**「す**

「知りすらしない」など、動詞のあとに「すら」を使うのは誤用です。

ら」は名詞や名詞句の後にしか使えません。「母は知りさえしなかった」とはいえても、「母は知りすらしなかった」とはいえないのです。ほとんど同じような意味の言葉だと思っていても、使い方のうえではいろいろな違いがあるものですね。

さかんに宣伝している・**しきりに**宣伝している

⬇使いどころは心得ておきたい

辞書では「さかんに」のところに「しきりに」と出ていて、両者には違いがないようですが、「さかんに宣伝している」と「しきりに宣伝している」ではだいぶ感覚・感触が違う気がしませんか。

「しきりに」のほうは同じことが何度も引き起こるさまで、「さかんに」は積極的に繰り返し行われるさまという意味があります。つまり、**「さかんに」のほうが意図的に熱心に行う**のです。「彼女はしきりに後ろを振り返っていた」のように、何気ない動作を繰り返すようなときは「しきりに」のほうがしっくりし、「彼女は私たちに気づいてもらおうと、さかんに手を振った」のように熱心にアピールするときは「さかんに」が適しています。また、「出席者の間でさかんな議論が繰り広げられた」のように、「さかん」にはもともと熱心にという意味もあります。「しきりに」は、ひっきりなしの意味が強く、「しきりに貧乏ゆすりをしていた」のように使うといいでしょう。

しばらくの間・当分の間

⬇これがわからなければ〝仮免〟社会人

どちらも、それほど長くない一定の時間を表す表現です。しかし、時間についての表現はきちんと数字をあげるとき以外は、絶対的な長さを表しません。個人の感覚で、一時間が長いと思うときもあれば、短いと思うときもあります。仕事時間は長く、遊んでいるときの時間は短く感じるのが一般的ですが、それも絶対ではありません。

「しばらくの間」と「当分の間」も、使われる状況によって、どちらが短いと感じるか違う場合もありますし、個人の感覚でも違いがあります。

「当分」というのは基本、
未来のことをいうときに使います。

ただし、「しばらく」と「当分」では使い方に違いがあります。「しばらく」は、**過去のことについていうときも、未来のことについていうときも使えます。**「しばらくの間、会社を休んだ」「しばらくの間、会社を休むことにした」のように両方に使えます。一方の「当分」は基本的に未来についていうときに使います。「当分の間、会社を休むことにした」とはいえますが、「当分の間、会社を休んだ」と過去のことについていうときはしっくりきません。

大変お世話になりました・**非常に**お世話になりました

➡この日本語のルールを破ってはいけない

どちらも意味に変わりはありません。一方のほうが丁寧だとか、程度がはなはだしいということもないといっていいでしょう。

使い方は、「大変」は副詞なので、そのままの形で用い、「非常に」は形容動詞なので、この形で用います。また、「大変」は「大変に」の形にして、「大変にお世話になりました」ともいえます。ただ、**後にくる言葉によっては不自然に聞こえる**場合もあり、「大変に広い家ですね」とか、「大変に速い馬ですね」などは、やはり「大変広い家ですね」「大変速い馬ですね」のほうが自然です。

なお、「大変」は大和《やまと》言葉に漢字を当てたもので、「非常に」は漢語を由来としているという成り立ちのうえでの違いがあります。

「大変」や「非常に」と同様の意味に、副詞の「とても」があります。こちらは**否定形をともなう使い方がもともとの使い方**で、「相手はとても強くて歯が立たない」のような形が本来のものです。しかし、現代では否定形をともなわずに、「とてもお世話になりました」という使い方が普通になりました。

たちまち売れた・**あっという間に**売れた・**またたく間に**売れた

⬇紛らわしい使い分け、ここが勘どころ

いずれも時間の短さを表す言葉ですが、使う状況でその時間の短さは伸

「たちまち」は、変化の過程により注目しています。

び縮みします。「あっという間に階段から落ちた」と一瞬を表すこともあれば、「人間はあっという間に地上を支配するようになった」と、ざっと考えても数十万年以上の時間を表す場合もあります。数十万年といっても、地球の四六億年の歴史から見ればあっという間には違いありません。

「あっという間」は、「あっと声を出す間に」の意味ですし、「またたく間」は「目をまたたく間に」の意味ですから、どちらも一瞬を表していて同じです。表現が違うだけといっていいでしょう。

それに比べて「たちまち」は、**ある起点からの短い時間**を指し、「チャイムが鳴ると、生徒たちはたちまち教室を出て行った」という使い方になります。

そのため、「食事時間はあっという間だ」とはいえますが、「食事時間はたちまちだ」という言い方はできません。この場合、「食事時間はたちまち終わる」の形になります。

なお、一説によると、「たちまち」は「立ち待ち」で、「立って待っている間に」という意味だそうです。

だんだん増える・次第に増える・どんどん増える

⬇言いやすさで言葉を変えてはいけません

「だんだん」は本来、階段や段々畑のように一定の間隔があるさまを表し、「だんだん雨が強くなってきた」といえば、急にではなく、徐々に雨が強くなってきたことを表します。

「だんだん」と「次第に」はほぼ同じ意味で、前者は口語として用い、後者は文語でよく用いられます。

また「次第に」には順序を追うという意味もあり、たとえば「式次第」という言葉は式を取り運ぶ順序を意味しています。

「だんだん」にも、これと同様の意味があり、「だんだん昇進していった」というと、ポストを順番に上がっていったというようにとれます。

一方で、「どんどん」は、**勢いが増すさま**です。「だんだんスピードを上げる」というのは、一定の間隔でスピードを上げることですが、「どんどんスピードを上げる」というと、スピードの上げ方が急なことです。

少しずつ変わる「だんだん」、
盛んに変わる「どんどん」。

「だんだん売上が上がる」場合は、売上をグラフにしたとき、右肩上がりの直線グラフになり、「どんどん売上が上がる」場合は右肩上がりの急な曲線になるイメージです。

また、「つまらない劇だったので、だんだん観客が帰っていった」のと、「つまらない劇だったので、どんどん観客が帰っていった」のでは、劇の出来もずいぶん違うように想像できます。

近く・そば・傍ら・わき

⬇誰もが勘違いしている、あやしい日本語

いずれも対象物から見て、距離の短さを表す言葉です。ただし、心理的な距離を基準としていて、必ずしも絶対的な尺度で決めているわけではありません。

最も一般的に使われる「近く」も、実際の距離と関係なく用いられます。たとえば「ノートの近くに鉛筆がある」と、「神戸は大阪の近くにある」では実際の距離の尺度はまるで違います。しかし、どちらも「近く」であることに変わりありません。

また、「離れていても、いつも君の近くにいるからね」というときも、実際の距離とはまったく関係がありません。あくまで心理的な距離です。

同様に「そば」も、「外出時は子どものそばを離れないように」と「駅のそばにあるコンビニ」では、やはり距離感に差があります。

一般的には**「そば」のほうが「近く」よりも距離が短く、「わき」だと対象物のすぐ横にある**イメージです。

「傍ら」の場合は、主となる対象物に付属するものの意味合いが強く、お互いに独立したものの場合はすぐ近くにあっても使わないのが普通です。

「コンビニの傍らに警察署がある」という表現は本来不自然です。

いずれも少しずつニュアンスが違う言葉ですが、あまり神経質になることはなく、使うときに少し気にするだけでいいでしょう。

さらに**追求**する・もっと**追及**する・どこまでも**追究**する

⬇日本人が「一度は間違う」日本語

テレビ番組のテロップで、「どこまでも真実を追及する」などと出ている

利益は「追求」、不正は「追及」、本質は「追究」です。

と、「ああ、間違って使っている」とイライラする人も多いのではないでしょうか。

「追求」「追及」「追究」の使い分けは、それほど難しくありません。「追求」は手に入れようとしてねばり強く追い求めること、「追及」は**責任・欠点などをどこまでも追いつめること**、「追究」は（学問的に）不確かなことや不明なことをどこまでも探究すること、また深く考えきわめることです。それぞれ、次のように使います。

「本当の愛をどこまでも追求する」

「犯行の動機を追及しなくてはならない」

「哲学における真理を追究する」

幸福や理想、利潤、一般的な目標・目的になるものを追い求めるならば「追求」を使い、犯人や責任を追い続けるならば「追及」、真理や研究の成果を追うならば「追究」となります。「追求」と「追究」はどちらを使ってもよくて入れ替え可能な場合もありますが、主に学問的なものは「追究」を使っておけば間違いないでしょう。「追及」だけは、意味や使う場面が他の二つとはかなり異なりますので、使う場面を間違えないことです。これらの字の使い分けの考え方はそれほど難しくないので、しっかりと覚えてしまいましょう。

ついに露見した・とうとう露見した

⬇言い方を変えるだけでこんなに印象が違う

「ついに」と「とうとう」は、多くの場合、置き換え可能です。

「ついにプロジェクトが完成した」

「とうとうプロジェクトが完成した」

この文だけでは意味の違いはほとんどありません。あえて違いをいえば、「ついに」は、単に時間や労力をかけてプロジェクトが完成したことを伝えていて、「とうとう」の場合は、いろいろな苦労をした結果、やっとプロジェクトが完成したというニュアンスが少し感じられます。

別の言い方をすると、前者は完成した結果や時点に重点が置かれていて、後者は**完成するまでの時間や苦労にも重点が置かれている**ことです。

この二つの言葉は悪い結果にも用いられ、「勉強をさぼっていたので、ついに落第してしまった」「みんなで努力したが、とうとう首位から落ちてしまった」のように使います。

「ついに」のほうが、変化の結果により注目しています。

同様の意味をもつ言葉に、「やっと」「ようやく」がありますが、こちらは望まない結果が起きるときには使いません。「一生懸命勉強したのに、やっと落第した」も、「苦労の末、ようやく大会は失敗した」も両方とも不自然な文になります。

～でいい・～がいい

⬇女性に言ったら取り返しがつかない

「何を飲みますか」と聞いて、「水でいいです」と答えられるのと、「水がいいです」と答えられるのでは受け取り方がだいぶ違います。

「水でいいです」の場合、水を最も飲みたいわけではないが、最低限のものとして水でいいと聞こえます。ただ、相手に手間や面倒をかけないために、そう言う場合もあります。むしろ、来客がそう言ったときは、気をつかって言っていると理解しましょう。

「水がいい」という場合は、水を指定して飲みたいと言っていると理解してもいいでしょう。このときは、お茶でもなく、コーヒーでもなく、水が飲みたいと言っています。

しかし、これとて相手に遠慮して答えている可能性もあるので、真正直に受け取らないほうがいいでしょう。

いずれにしても、「〜でいい」は**最善ではないが、許容範囲であること**を示し、「〜がいい」は自分の意思として明確に指定するときに用います。

デートで食事するときも、映画を観るときも、「何がいい？」と彼女から聞かれて、「〜でいい」という答え方ばかりしていると、自分の好みや意見をはっきり言わない煮え切らない男と思われかねませんから、気をつけてください。

なぜわからないの・**どうして**わからないの

⬇いったいこの人は、何を怒っているのか

理由や原因を聞くときに使うのが「なぜ」「どうして」です。「なぜ」が**理由**・**原因**を聞くのに対し、「どうして」はそれだけでなく、**方法**を聞く場合にも使われます。

「なぜハードディスクのデータを整理するのですか」


「どうして」には「どのようにして」という意味もあります。

「ハードディスクのデータの整理はどうしていますか」

前者は理由を聞いていて、後者はやり方を聞いています。前者の場合は、「なぜ」の代わりに「どうして」を使っても意味は変わりませんが、後者は「なぜ」に置き換えることはできません。また、「どうしていいかわからない」のような場合も入れ替えはできません。

ところで、子どものころ、「なぜわからないの!?」と母親から怒られて、理由を答えようとすると「言い訳はしなくていいの」とよけい怒られた経験はありませんか。理由と言い訳の違いはけっこう主観的なものなので、怒っている母親相手には何を言っても無駄とあきらめたほうがいいでしょう。

なんでも、そういうことらしい・どうやら、そういうことらしい

➡うっかり間違えると公私いずれも摩擦を生む

「なんでも、鈴木さんが結婚するらしい」
「どうやら、鈴木さんが結婚するらしい」

何気なく聞いてしまうと、この二つにはあまり違いがないと思うかもしれません。しかし、よく考えてみると、この二つには微妙な事情の違いがあります。

「なんでも～」の場合は、どこかでその話を聞いて、それをソースに「鈴木さんが結婚するらしい」という情報を伝えています。しかもその情報は不確かなもので、はっきりとした事実として、鈴木さんの結婚を伝えられたわけではないようです。

それに対して、「どうやら～」の場合は、**見たり聞いたりしたことを総合して自分で考えた結果**、「鈴木さんは結婚するらしい」という結論を導き出したことになります。そう考えると、「なんでも～」とはずいぶん違います。

なんら変わりはない・**全然**変わりはない

⬇同じ意味なだけに混同しやすいが……

どちらも「何一つ変わりない」「少しも変わりない」の意味で、基本的に

「どうやら」には、語る主体の臆測もはいっています。

は文末に否定形をともなう使い方になります。

「なんら」は「なにら」の音が変化したものであり、「なにも」と同じ意味です。「なんら変わりはない」＝「何も変わりはない」で、ほとんどの場合、「なんら」は「何も」に置き換えることができます。

「全然〜ない」は使い方の範囲が広く、「最近、全然雨が降らない」と使うこともできますが、「なんら〜ない」のほうは、**話す人の否定や拒絶の感情が強く出る**ため、話している人の意思とは関係ない結果に対して使うことはできません。「最近、なんら雨が降らない」などとは使えません。

また、「なんらの」というときは、「なんらの意見も許さない」のように用い、「どんな〜ない」という意味になります。

さらに、「なんらかの」というときには、「彼にもなんらかの意見があるはずだ」のように、「なにかの」「いくらかの」の意味となります。

「なんら」も「全然」も、否定形をともなうとはいっても、最近では「全然美味《おい》しい」などの表現も使われますが、文法的にいうならばやはり誤りです。

わかり**にくい**・わかり**づらい**・わかり**かねる**

⬇「わかりません」は、相手をげんなりさせる

「にくい」と「つらい」は、どちらも困難を表す言葉で、「ゴミが詰まって水が流れにくい」「靴が小さくて歩きづらい」などのように使います。

もともとは、**人の意思や行動が関係しない場合**は「にくい」を使い、人に関わる場合には「つらい」を使うといわれていましたが、現代では多くの場合入れ替え可能として使われています。「ドアが開きにくい」「ドアが開きづらい」、どちらを使っても違和感がないといえるでしょう。

ただし、「彼には頼み事をしづらい」と「彼には頼み事をしにくい」では微妙な意味の違いもあります。前者は「彼には前にも頼んでいるので、今回は頼みづらい」のように合理的な理由がある場合、後者は「怒りっぽい彼には頼みにくい」のようになんとなく嫌だというときに使う傾向があります。といっても、これにはかなり主観が入るので、明確な使い分けとまではいえないでしょう。

「つらい」は意志動詞とともに用いられるのが一般的です。

「にくい」と「つらい」の同義語には、ほかに「がたい」があります。「かねる」に関しては、なんらかの事情が働いて、そうしようと思ってもしにくい場合や、遠回しにいうときに使われます。「わかりません」とピシャリと言われるよりも、「わかりかねます」と言われたほうが丁寧な気がします。もちろん、否定の意味であることは、どちらも変わらないのですけれどね。

にわかに雨が降り出した・突如として雨が降り出した

⬇急に雨に降られたとき、何という?

「にわかに」は、物事が急に起こるさま、突然、一時的などの意味があり、「天候がにわかに変わった」「容体がにわかに悪化した」のように使います。「にわか雨」はまさににわかに降ってきて、すぐにやむ雨のことです。

「にわかに」と同様の意味がある言葉に、「急に、いきなり、突然、突如」などがあります。では、これらの言葉に使い分けはあるでしょうか?

「突然、突如」は、**予想していなかったことが起こるときに**使われますが、後者は「突如として」の形で使うことが多く、文語的です。

「にわかに」の場合は、状態や状況の変化についていうことが多く、「彼はにわかに会社を辞めた」というようなときは、裏になんらかの理由があることを想像させます。

また、「にわかに、急に」の場合は、「突然、突如」に比べると、状態が時間をかけて変化するときにも使われます。たとえば、「近くで石炭が発見されたことにより、村はにわかに発展し始めた」というとき、当然、発展する経緯として数年以上かかるはずです。このような場合は、「にわかに」などを使うほうがしっくりします。

恥ずかしかった・決まりが悪かった

⬇意味を考えないから間違える

もともと「恥ずかしい」には大きくいって三つの意味があります。一つ目は「恥ずかしがりや」というときでシャイな場合、二つ目は「階段で転

他に対して面目が立たないことを
「決まりが悪い」といいます。

んで恥ずかしかった」というときの「ばつが悪い」場合、三つ目は「人間として恥ずかしい」というときの「不名誉」を表す場合です。

「決まりが悪い」というのは、このなかで二つ目と同じ意味になります。これは、周囲に対して体裁《ていさい》が悪く、面目が保てないときの恥ずかしさを表します。

そのため、「そんな犯罪を犯すなんて、人間として恥ずかしい」といいたいときに、「そんな犯罪を犯すなんて、人間として決まりが悪い」といってしまってはまったく使い方が間違っています。この場合の「恥ずかしい」は、まわりの人の目が気になって恥ずかしく感じるのではなく、法律や世の中の常識、自分の良心に照らし合わせてみて恥ずかしいと思うので、「決まりが悪い」は使えません。

ところで、「決まりが悪い」の「決まり」とは何のことでしょう？　これは、まさに「**他人に対する具合、面目**」のことで、現代では「決まりが悪い」というとき以外で、この意味で使われることはありません。

また、ついでですが、「ばつが悪い」の「ばつ」は「つじつまや、その場の都合、調子」のことを指します。今ではあまり耳にしませんが、調子を合わせたり、つじつまを合わせるときに「ばつを合わせる」といいますが、この「ばつ」と同じものです。

はるかに・圧倒的に

⬇上司があきれかえる使い方していませんか

「はるかに」は、程度のはなはだしいさまを表し、「ずっと、大変、とても」などと置き換えが可能で、数や量だけでなく、程度や状態についても表現することができます。また、プラスの意味でも、マイナスの意味でも使えます。あるものと比較して、「はるかに多い人口」「はるかに大きなビル」「はるかに美しい」「はるかに汚い家」など、なんでも表すことができます。

一方の「圧倒的」は、相手を「圧し倒す」ほどの勢いがあることで、数や量が大きくまさっているときに使われます。つまり、**プラスの意味で使うのが本来の使い方**です。「売上が圧倒的に増えた」「今日の野球の試合は10対0で圧倒的に勝った」などと使います。したがって、「怠けたために、圧倒的に勉強が遅れてしまった」というのは本来は正しくなく、「予定よりはるかに勉強が遅れてしまった」などの表現のほうがいいでしょう。

とはいえ最近は、数や量についてでなくても、「妻の作った料理は圧倒的

「圧倒的な大敗を喫した」は
誤った使い方です。

に美味《おい》しい」という言い方も普通ですし、「妻の作った料理は圧倒的に不味《まず》い」という否定的な使い方でもあまり違和感を持たない人が多いのではないでしょうか。

それでも、「圧倒的に若い女性」「圧倒的に古い時代」「圧倒的におしゃれな服」などというよりは、「はるかに若い女性」「はるかに古い時代」「はるかにおしゃれな服」というほうが、幅広い世代には違和感がないといえるでしょう。

ひときわ美しく見える・一段と美しく見える

➡あなたの気持ちは、まるきり空回り

この場合、どちらも美しさを強調する表現ですが、使い方に少し違いがあります。たとえば、**初めて会った相手に「一段と」は使いません**。「彼女と初めて会ったが、一段と美しさが輝いていた」というのは少しヘンな文章です。

「一段と」は、言葉のとおり段階を表しますので、過去やまわりの人と比較したときに使うのが普通です。「彼女と一年ぶりに会ったが、一段と美しくなっていた」とか、「まわりの女性に比べて、一段と美しかった」などの使い方です。

一方の「ひときわ」も基本的には比較対象があって使いますが、漠然と使うこともできます。「彼はクラスでひときわ優秀な生徒だった」といえば、クラスのほかの生徒よりも優秀の意味になりますが、「彼はひときわ優秀な生徒だった」と単独で使っても不自然ではありません。

では、「ひときわ美しい」と「一段と美しい」ではどちらのほうが美しいのでしょうか？「一段と」の場合は具体的な比較対象があっての「美しさ」で、「ひときわ」は漠然とした「美しさ」も表せますから、「ひときわ」のほうが汎用《はんよう》性が高く、少し有利ではないでしょうか。

あなたに**ふさわしい**人・あなたに**似合う**人

⬇こう言われてもなぜかうれしくない不思議

「ふさわしい」も「似合う」も、どちらも「よくあう、つりあう」という意味があります。

「彼はあなたにふさわしい相手です」

「ふさわしい」というのは、
「似つかわしい」ということです。

「彼はあなたに似合う相手です」

両者とも、だいたい近い意味ですが、「似合う」のほうが漠然としていて、何が似合っているのか、この文からだけではよくわかりません。

しかし、「ふさわしい」のほうは、**人間性・容姿・身分・地位などから見て、つりあっている**相手だという意味にとれます。

両者は入れ替えて使うことができる場合も多いのですが、入れ替えると意味が違ってくる場合もあります。たとえば「中学生にふさわしい服装」というときは、中学生という立場に適した一般的な服装の意味になります。ところが、「中学生に似合う服装」といったときは、ファッション的に中学生らしい服装の意味にもとれます。

また、両者ともマイナスの意味で使うこともあります。「あなたにふさわしい、お似合いの相手よ」と言うときに、相手を卑下《ひげ》して遠回しに言っている場合もあります。こんなことを言われたときは、いい意味で使っているのか、悪い意味で使っているのかちょっと考えてから、喜んだほうがいいでしょうね。

再び繰り返さないように・**二度と**繰り返さないように

⬇より誠意が伝わるほうを選びたい

「再び〜ない」も「二度と〜ない」も意味としての違いはありません。どちらも同じことを繰り返さないようにいうときの表現です。

「再び彼が会社に戻ることはなかった」

「二度と同じ絵を描けなかった」

どちらも交換可能で、意味の違いはありません。ただし、あえていうと「再び」よりも「二度と」のほうが二回目という数にこだわっていて、三回目や四回目のことはまるで考えていないところに微妙な差を感じることができるかもしれません。

また、「再び」と「二度と」に注目して使い方の違いをあげると、「再び」は肯定文にも使えますが、**「二度と」に続くのは否定の表現だけ**です。

「再び敵が現れた」とはいっても、「二度と敵が現れた」とはいいません。「二度と」の後には必ず否定の語か、「二度と同じ失敗を繰り返すな」のような

「再び」は、肯定の表現にも
否定の表現にも使えます。

否定の命令文になります。

ところで、「二度」を訓読みすると、「ふたたび」と読むこともできます。つまり、どちらも同じ意味なのは、なんの不思議もないわけです。

考えてみれば「二度と再び、このような事故を繰り返さないことを誓った」という表現は大変しつこい強調表現ですね。

ほとんど聞きました・**あらかた**聞きました

⬇その思い込みが、「思わず赤面！」のミスに

どちらも、全部とはいかなくても、ほぼそれに近い部分のことで、大部分を表します。両者はたいていの場合置き換え可能で、意味に違いは感じられません。

ただし、「京都にいたのはほとんど一日だけだった」というときに「あらかた」を代わりには使いませんし、「その旅行の参加者はあらかた五〇人だった」と**「ざっと見て」の意味で使うときは「ほとんど」は使えません**。

大部分の意味では、そのほかに「ほぼ」「おおかた」「おおよそ」「おおむね」などがあります。

それほど厳密にこだわる必要はないかもしれませんが、「ほぼ」はほとんど、「おおかた」は大半、時に過半数のこと、「おおよそ」は細かい部分を除いて大部分のこと、「おおむね」は詳細を抜きにして大ざっぱにという程度の違いがあります。

「だいたい」や「たいてい」も「ほとんど」の意味で使うことがありますが、意味が幅広いので、あいまいになりやすい場合があり、注意が必要です。

まったくわからない・**さっぱり**わからない・**からきし**わからない

↓何気なく使う言葉の微妙な違い

いずれも否定形や、否定の意味の言葉が後につき、「少しも〜ない」の意味になりますが、ニュアンスはそれぞれ微妙に違います。

「まったく」は、このなかでは最もノーマルでどんな場面でも使えます。

まったく雨が降らないことを
「からきし雨が降らない」はNG。

「さっぱり」は、期待していたのにそれが実現しなかったり、うまくいかない場合に使うとしっくりします。「ゆっくり寝ようと思ったのに、さっぱり眠れなかった」のように使うとぴったりです。

ところで、「最近、雨がさっぱり降らないね」のように、「まったく」も「さっぱり」も自然現象についても使えますが、**「からきし」だけは、人や動物の行為についていうときのみに使います**。「東京の冬はからきし雨が降らない」という使い方は普通しません。

「野球はからきし苦手なんだ」というのは「野球がまるで苦手」ということですが、「からきし」は上手にできない、うまく対処できないという意味で主に使われます。「冬はからきし苦手だ」というときも、冬の寒さにうまく対応できないという意味合いがあります。

全否定の言葉はほかに、「まるで～ない」「まるっきり～ない」「全然～ない」などがあり、多くの場合、入れ替えが可能です。

まもなく・近々・しばらく・そのうち・折をみて

⬇時間を表す言葉はたくさんあるが……

時間に関する言葉は使うシチュエーションによって感覚的に伸び縮みするので、はっきりと「まもなく」は何時間後のこととはいえません。「まもなく」が一〇秒後のこともあれば、地球の歴史について語っているときには一万年後を指す場合もあります。そのため、厳密にどの語が最も短い時間を表すかというような質問には答えづらい場合もあります。

ここにあげた五つの語でいうならば、「まもなく」は過去にも未来にも使えますが、「近々」は未来のことに使い、「近々〜だろう」などの形になります。過去のことについていう場合は、「近々〜することになっていた」という表現になるときです。

「しばらく」は、少しの間の意味ですが、「しばらく会っていなかったね」というときは「久しぶり」の意味にもなります。

「そのうち」は、「いつか」「近いうちに」と漠然とした時間を表します。

「先日」は数日〜1か月前ぐらい。
「過日」は1週間以上〜2、3か月が目安。

このなかで「折をみて」だけは、時間を表しておらず、**「機会を探して」「機会があれば」**の意味で、「近いうちに」などの意味にはなりません。

まるで見たかのように・いかにも見たように

➡あやふやな日本語になっていませんか

「まるで」も「いかにも」も、他のものとよく似ていることをいう言葉です。どちらも、そのものではなく、あくまで似ているときに使います。「まるで見たかのように」「いかにも見たように」はどちらも実際の場面は見ておらず、聞いたことから再現していることです。

ただし、「まるで宝くじが当たったように喜んだ」と「いかにも宝くじが当たったように喜んだ」では違う意味合いになります。前者は、**大喜びする比喩《ひゆ》として**宝くじの当籤《とうせん》を引き合いに出していますが、後者は宝くじに当籤したふりをして喜んでいるか、あるいは宝くじに実際に当籤して、宝くじに当たった人はこんなふうに喜ぶだろうという想定から、同じような喜び方をしているととれます。

また、「父はまるで子どものように喜んだ」というのは普通の文ですが、「父はいかにも子どものように喜んだ」はちょっと意味を考える必要がある文です。「父はいかにも家長らしく振る舞った」や「店長はいかにも責任者らしく行動した」のように、父＝家長、店長＝責任者のときは意味がしっくりして、父≠子どものときは使い方が限定されます。そうした意味で、「まるで」と「いかにも」は置き換えができない場合も少なくありません。

「まるで」「いかにも」の同義語には、「あたかも」「さながら」「ちょうど」などがあります。

みな同じ・ことごとく同じ・すべて同じ

⬇大人なら多用多彩な表現をもちたい

「みな」「ことごとく」「すべて」は、いずれも残らず全部の意味です。

「みんな」は「みな」を発音しやすくしたり、強調したりするために「ん」を間にはさみこんでいて、これを撥音《はつおん》添加といいます。つまり、「みな」と

「ことごとく」は好ましくないことについて用いることが多いです。

「みんな」は同じ語で、元になるのは「みな」のほうです。

この三つの語の用法はほとんど同じですが、あえていえば「みな」と「すべて」は全体を見渡しているのに対し、「ことごとく」は**細部を見たり、一つひとつを見たりしているニュアンス**です。ただ、結果としては、どちらも同じことを示しているといっていいでしょう。

また、「みな」「すべて」は口語的で、「ことごとく」は文語的だといえます。同義語としてほかに「全部」「すっかり」「まるで」「まるっきり」「完全に」などがあります。

玄人向き・玄人好み

⬇話し手の言葉への深い造詣も伝わる

「玄人《くろうと》向き」「玄人好み」、どちらもあまり違いは感じられませんが、「玄人向き」のほうは、たとえば「玄人向きの道具ですので、初心者にはおすすめしません」などのように、**ある程度の知識や技術を持っていないと使いこなせないものなどに対して使う**とピッタリします。

「玄人好み」のほうは、「あの背番号41番の選手は玄人好みの野球選手ですね」などのように使います。このときは、野球は観戦するだけの未経験者であっても、野球に詳しい自称玄人でさえあれば十分です。はなばなしい活躍をしていなくても、キラリと光るいぶし銀のような選手を応援するほうが、玄人っぽい感じがしますよね。

また、「玄人向き」の場合は「玄人に向いている」ことで、「玄人好み」の場合は「玄人が好む」ことですから、主述の関係からしても違いがあるといえます。とはいっても、厳密に使い分けるほどのことはないように思います。

めったにない・やたらにない

⬇うろ覚えの日本語を一掃しよう

「男はめったに泣かないものだ」
「男はやたらに泣かないものだ」

素人なのにその道の専門家が驚くほど技芸に優れていることを「玄人はだし」といいます。

どちらも同じように思えますが、「めったに」は**単に頻度が少ないこと**をいっていますが、「やたらに」のほうは、頻度もさることながら、ちょっとした理由で男は泣くものではない、ということも含んでいます。

頻度を表す「めったに」の同義語は「ろくに」で、「兄はめったに家に帰ってこない」と「兄はろくに家に帰ってこない」はほぼ同じ意味を表します。

「やたらに」と同様の意味になるのは「むやみに」で、「男はむやみに泣かないものだ」となります。

また、「めったやたらに」「むやみやたらに」の言い方もあり、どちらも強調表現になります。

もっとも近い場所・**いちばん**近い場所

⬇よく口にするが、正しく使い分けるとなると……

基本的に、両者に意味の違いはありません。ただ、あえて違いをいえば、「いちばん」のほうは限定されたいくつかのなかで最上であり、「もっとも」のほうは漠然としたなかでも最上であることと、「いちばん」のほうが口語的で、文章のなかでは「もっとも」のほうが一般的だというくらいです。

しかし、使い方にはやはり違いがあります。というのは、「もっとも」は**時に、最上でない場合があって、**それは「A君はクラスでもっとも優秀な生徒の一人だ」というようなときです。この場合、A君はクラスで最も優秀なグループには入るが、いちばんかもしれないし、そうでないかもしれません。一方の「いちばん」の場合は、「A君はクラスでいちばん優秀な生徒の一人だ」というのはちょっと不自然な表現です。この場合はやはり「もっとも」を使うのがいいでしょう。

もっとも、「彼女は日本でいちばん（＝もっとも）美人だ」といっても、厳密にナンバー1の美人かどうかはわからないですよね。あくまで比喩《ひゆ》的な表現なので、絶対にいちばんでなければ「もっとも」や「いちばん」を使ってはいけないなどということは、当たり前ですが、ありません。

「もっとも」といっても、
「いちばん」とはかぎりません。

この交渉は**やさしい**・この交渉は**たやすい**

↓よく意味を考えてみれば、違いがわかる

ふだんの会話ならば、ほとんど違いを認識しないかもしれませんが、厳密にいうならばこの二つは違います。大ざっぱにいえば、前者は交渉の内容が簡単であることで、後者は簡単に交渉ができるという意味です。つまり、この場合の「やさしい」は**内容について**のことで、「たやすい」は**行為について**いうものです。

たとえば、互いに利害が一致しているならばやさしい交渉ですし、百戦錬磨《ひゃくせんれんま》の弁護士ならば素人と交渉するのはたやすいというような違いです。

また、次のような文では、この二つの言葉はよりはっきりと違う意味になります。

「先生が英会話をやさしく教えてくれた」

「留学していたので、英会話をたやすく教えられる」

前者は英会話をわかりやすく教えてくれたと言っていて、後者は英会話ならば簡単に教えられるという意味で言っています。

ラクに、わけなくという意味で使うときは、「たやすく」が正しく、普通「やさしく」

は使いません。

やっとわかってもらえた・**なんとか**わかってもらえた・**かろうじて**わかってもらえた

⬇知ったかぶりもほどほどに

いずれも苦労した結果、相手に理解してもらえたことをいっていますが、話し手の充足度は、やっとわかってもらえた**満足感**、なんとかわかってもらえた**安心感**、かろうじてわかってもらえた**安堵感**《あんど》という感じです。逆に、聞き手のほうからいえば、相手が熱心に話してくれたので、「やっと」はおおむね理解できた、「なんとか」は一応理解できた、「かろうじて」は最低限の理解はできたというレベルになるでしょう。

時間をかけたり、手間ひまをかけたりしたことが実現したときに使うのが、「やっと」であり、「なんとか」です。基本的に「やっと」は実現したことに焦点を合わせていますが、「なんとか」は結果が良いか悪いかは別に

内容が簡単なら「やさしい」、
行為が簡単なら「たやすい」。

して、とにかくやり遂げたことに焦点が合っています。また、「かろうじて」はギリギリで実現できたことを表す表現です。

なお、「やっと」は「ようやく」、「なんとか」は「どうにか」とほぼ同じ意味で、たいていの場合入れ替え可能です。

前衛で**有名な**画家・前衛で**名高い**画家

⬇「大人のくせして」と言われる前に……


「有名」と「名高い」は、どちらも大した違いがないように思えるかもしれませんが、使い方は少々違いがあります。

「有名」は一般的に広く知られていることで、良いことにも、悪いことにも使います。「観光地として有名な場所」「犯罪の多さで有名な場所」など、使い方のバリエーションは豊富です。

たとえば「有名人」という場合、一般的に名前の知られている人はすべて「有名人」といえます。芸術家でも芸能人でもスポーツ選手でも犯罪者でも、ひとまとめにして

「有名人」です。

「名高い」は基本的に良いことに対して使います。「凶悪な犯罪者として名高い男」のように、**悪いこと、否定的なことには普通使いません。**

「名高い」と同じように、良いことだけに使われるのが「著名」です。新聞で連日取り上げられていても、犯罪の容疑者に対して「著名人」とはいいません。

逆に、悪いことだけに使われる言葉は、「悪名高い」「札付《ふだつ》き」などがあります。

よく知られているという意味の「名うて」の場合は、良い意味でも、悪い意味でも使いますが、西部劇の「名うてのガンマン」とか、映画の「名うての殺し屋」など、使われる場面はそれほど多くありません。

いい評判で有名なら「名高い」
悪い評判で有名なら「悪名高い」。

ゆるい斜面・ゆるやかな斜面・なだらかな斜面

⬇言いたいことはわかりますが……

これらはいずれも角度が急でない斜面を表していますが、「ゆるい」はいろいろな意味で使える言葉です。服が「ゆるい」場合、規制が「ゆるい」場合、ボールのスピードが「ゆるい」場合、どれも違った状況を表す「ゆるい」です。

「ゆるやか」は、「ゆるい」のバリエーションのようですが、「ゆるい」をさらに婉曲《えんきょく》にいった表現です。使い方も意味も、「ゆるい」と似ています。ただし、「靴がゆるい」というときに「靴がゆるやか」とはいいませんし、「今日はお腹《なか》がゆるい」というときに「お腹がゆるやか」とはいいません。言い換え可能でない場合もありますから注意が必要です。

もう一つの「なだらか」は、主に**景色や形状のことについていうとき**に使います。「きつい」の反対の意味で使う「ゆるい」の代わりに、「なだらか」は使いません。「靴がなだらかだ」「規制がなだらかだ」などとはいいませんね。

よく聞く話・たびたび聞く話・しばしば聞く話

➡こんなときには、こう言うのがベター

頻度を表す言葉にはいろいろありますが、「よく」「たびたび」「しばしば」は、さほど長い間を空けずに同じことを繰り返して行うさまです。「最近、支店長が本店によく来るようになった」「その会社には仕事でたびたび顔を出していた」「彼女はつらいことがあるとしばしば泣いていた」のように使います。「ちょくちょく」や「ちょいちょい」も、口語では同じ意味でよく使います。「しょっちゅう」も似た意味ですが、もう少し頻度が多い感じです。

特に「たびたび」と「しばしば」は近い頻度を表しているものの、使い方が違う場面もあります。

「人間というものはしばしば噂話を気にするものだ」はありでも、「人間というものはたびたび噂話を気にするものだ」とはいいませんし、「この病気はしばしば重症化しやすい」はありでも、「この病気はたびたび重症化しや

一般的なケースや恒常的な特性をいうときに「たびたび」は不適当。

すい」ともいいません。

何かについて一般論として語るときには、「たびたび」はなじまず、「しばしば」を使うことになります。

わりあい良くできている・**案外**良くできている

⬇言われたほうの身になって考えてみよう

「わりあい」は、想像していたよりも、**少しよかった**、少し悪かった、少し多かった、少し少なかったなど、想定を少し超えているときに使います。

「電車はもっと混んでいるかと思っていたら、わりあい空いていた」「今年の梅雨はわりあい雨が多い」などのように用いられます。「わりあいに」という形で用いる場合もあり、「苦労したわりあいに、作品の出来はよくなかった」と使います。

「わりあい」とほぼ同じような意味に、「わりに」「比較的」「けっこう」などがあります。

「案外」の場合は、思っていたよりも**だいぶよかった**、だいぶ悪かった、だいぶ多かった、だいぶ少なかったときに使います。想定していた結果よりもかなり上回っていたり、かなり下回っていたりしたときの意外さを表します。「勉強しなかったのに、試験の点数は案外よかった」「貴重な品物だったのに、オークションでは案外安い値段しかつかなかった」などのように用います。

「案外」と同じような言葉に、「意外に」「思いのほか」「思いがけなく」などがあります。

予想よりもけっこういい／悪いときには「案外」を使います。

齋藤 孝（さいとう・たかし）

1960年静岡県生まれ。東京大学法学部卒業後、同大大学院教育学研究科博士課程等を経て、明治大学文学部教授。専門は教育学、身体論、コミュニケーション論。ベストセラー作家、文化人として多くのメディアに登場。NHK Eテレ「にほんごであそぼ」総合指導を務める。
『身体感覚を取り戻す』（NHK出版）で新潮学芸賞受賞。『声に出して読みたい日本語』（草思社）で毎日出版文化賞特別賞。
『読書力』（岩波書店）、『語彙力こそが教養である』（KADOKAWA）、『雑談力が上がる話し方』（ダイヤモンド社）、『大人の語彙力ノート』（SBクリエイティブ）、『こども孫子の兵法』（日本図書センター）など著書多数。著書発行部数は1000万部を超える。

本作品は小社より2015年12月に刊行された『会うたびに「感じのいい人」と言わせる大人の言葉づかい』を改題し、再編集して文庫化したものです。

だいわ文庫

どんな場《ば》でも「感《かん》じのいい人《ひと》」と思《おも》われる
大人《おとな》の言葉《ことば》づかい

著者　齋藤《さいとう》 孝《たかし》

二〇二一年二月一五日第一刷発行

発行者　佐藤 靖
発行所　大和《だいわ》書房
東京都文京区関口一―三三―四 〒一一二―〇〇一四
電話 〇三―三二〇三―四五一一

フォーマットデザイン　鈴木成一デザイン室
本文デザイン　Isshiki
編集協力　幸運社
本文印刷　新藤慶昌堂
カバー印刷　山一印刷
製本　小泉製本

ISBN978-4-479-30852-2
乱丁本・落丁本はお取り替えいたします。
http://www.daiwashobo.co.jp